财务会计类专业精品课程规划教材

经济学原理职业能力训练

（第三版）

卢应梅　殷文芳　主编

图书在版编目(CIP)数据

经济学原理职业能力训练 / 卢应梅,殷文芳主编. -- 3 版. -- 苏州:苏州大学出版社,2023.1(2025.1重印)
ISBN 978-7-5672-4226-5

Ⅰ.①经… Ⅱ.①卢… ②殷… Ⅲ.①经济学-高等职业教育-教材 Ⅳ.①F0

中国版本图书馆 CIP 数据核字(2022)第 249638 号

经济学原理职业能力训练(第三版)
JINGJIXUE YUANLI ZHIYE NENGLI XUNLIAN (DI-SAN BAN)
卢应梅 殷文芳 主编
责任编辑 王 亮

苏州大学出版社出版发行
(地址:苏州市十梓街1号 邮编:215006)
苏州工业园区美柯乐制版印务有限责任公司印装
(地址:苏州工业园区双马街97号 邮编:215012)

开本 787 mm×1 092 mm 1/16 印张 8.25 字数 207 千
2023 年 1 月第 3 版 2025 年 1 月第 5 次印刷
ISBN 978-7-5672-4226-5 定价:36.00 元

图书若有印装错误,本社负责调换
苏州大学出版社营销部 电话:0512-67481020
苏州大学出版社网址 http://www.sudapress.com
苏州大学出版社邮箱 sdcbs@suda.edu.cn

第三版前言

作为《经济学原理》的配套能力训练，本教材自2012年在江苏省联合职业技术学院各分院和办学点使用以来，秉承"做中学、学中思、思后悟"的思维认知规律和通过反复训练提升专业基本技能的教育教学思想，学生们加深了对经济学基本原理和经济基本规律的认知与理解，并将所学的基本知识和原理运用到社会经济生活的现实中去。本教材有力地激发了五年制高职学生对经济学及相关学科的兴趣和学习能力。学生们在获得知识、掌握技能和丰富情感的同时，逻辑思维能力和思辨能力也得到了很大的提升。

鉴于构建中国式现代化成为今后一段时间内我国社会发展的主要目标，新的经济学理论和社会经济实践将不断完善，要了解这些理论和实践，就必须熟知经济学的基本原理并能够将它们运用到现实生活中去。同时，随着职业教育的蓬勃发展，很多高校都将《微观经济学》和《宏观经济学》作为五年制高职学生"专转本""专升本"的必考科目，原有的《经济学认知》也因此做了较大程度的修订并改名为《经济学原理》，在内容上更加强调理论性和系统性，强调以较为完整的经济学体系呈现，这就给学生的学习和理解带来了一定的难度。因此，为适应新形势的需求，在广泛听取教材使用单位和个人意见的基础上，对本配套能力训练的相关内容进行深化就显得非常紧迫和重要。本次修订主要体现在以下几个方面：

(1) 根据《经济学原理》内容变动的实际情况，对原有各种类型的题型进行了必要的增补和删节，对有些项目例如项目2、项目5、项目8、项目12进行了必要的扩展和修订，使得题型和内容更加丰富，针对性更强。

(2) 紧跟时代步伐，特别是以党的二十大精神为指导，对原有教材专业运用能力训练中的相关案例内容做了符合时代要求的更换，并对其中的小组讨论内容进行了更新，对专业拓展能力训练的内容也进行了必要的补充。

(3) 针对第二版修订中存在的内容重复、与《经济学认知》内容不完全配套等问题，本次修订进行了全面的重组和整合，并根据《经济学原理》

进行了完善和补充。同时,为适应"专转本""专升本"考试的实际需要,本次修订在一定程度上加大了相关知识和内容的难度,更加强调系统地认识和理解经济学的基本原理以及对经济学原理的实际运用。

本书作为《经济学原理》的配套教材,适合五年制高等职业教育财经类、会计类专业的学生进行经济学的复习、巩固、提高使用,也适用于三年制高等职业教育和中等职业教育财经类、会计类专业,还可作为五年制高职学生"专转本""专升本"的辅导用书。由于编者水平有限,书中不足之处在所难免,欢迎各使用单位和个人提出宝贵意见,以便使教材日益完善。

编 者

2022 年 12 月

前言

为配合高等职业教育会计类专业"经济学认知"课程的教学，使学生更好地掌握经济学认知的基本思维方式、基本理论与基本方法，我们编写了与《经济学认知》教材配套的职业能力训练。

该书依据《经济学认知》教材的内容，按照高等职业教育会计类专业人才培养方案的要求，结合专业教师的实际教学经验总结编写而成。该书具有以下四个特点：一是编排方式与教材相匹配，按照教材的项目、任务对应编写，可以完全配合课程教学进度，实现同步训练；二是内容有创新，既有知识认知能力训练，又有专业运用能力训练，更有专业拓展能力训练，层层推进；三是体例编写多样化，每个项目下设有学习引导、知识认知能力训练（单选、多选、判断、填空等）、专业运用能力训练（计算、案例分析、小组讨论等）、专业拓展能力训练（资料检索、市场调查等），体例的多样性便于学生更好地掌握学习的内容；四是能力培养复合化，层层推进的训练既方便教师和学生根据实际情况进行选择，又便于培养学生对经济学认知的综合应用能力。

本书由江苏省靖江中等专业学校毛越烽老师担任主编，与《经济学认知》教材配套，共分十二个项目，具体编写人员为：项目一由泰州机电高等职业技术学校仇娴编写；项目二由连云港财经分院徐秀兰编写；项目三、项目十、项目十一由江苏省靖江中等专业学校毛越烽编写；项目四、项目十二由江苏联合职业技术学院扬州分院温菊萍编写；项目五由常州刘国钧分院刘新勇编写；项目六由江苏省靖江中等专业学校蔡梅编写；项目七、项目九由南京市财经学校陶旻编写；项目八由盐城机电高等职业技术学校姚波编写。全书由毛越烽设计编写方案，并负责统稿、总纂与定稿工作。

本书是在江苏联合职业技术学院领导的关心、支持和精心指导下立项编写的，徐州财经分院郑在柏教授对本书的编写给予了大力支持和热情帮助。本书由具有丰富教学经验的一线教师倾力合作而成，是集体智慧的结晶。本书的出版得到了苏州大学出版社有关工作人员的热情帮助和大力支持,对他们的辛勤付出,一并表示诚挚谢意!

  本书主要适用于高等职业教育财经管理类专业,也适用于中等职业教育财经管理类专业,还可以作为其他相关专业人员岗位培训的配套用书。由于时间仓促、编写水平有限,本书难免存在一些缺点和不足,恳望广大同仁和读者不吝赐教、批评指正,以便我们改进。

编 者

CONTENTS 目录

项目1	认知经济学	001
项目2	商品、货币与市场经济	007
项目3	供求与市场均衡分析	015
项目4	消费者行为	028
项目5	企业生产、成本与利润	039
项目6	市场结构	056
项目7	收入与分配	066
项目8	市场失灵与政府干预	073
项目9	国民收入	082
项目10	宏观经济现象	094
项目11	宏观经济政策	104
项目12	开放经济	114

项目 1

认知经济学

 学习引导

内容提要	资源的稀缺性和欲望的无限性;人类经济活动的含义;经济学和经济学原理;经济学体系的构成;机会成本原理和边际决策原理;理性人假设;实证分析与规范分析;学习经济学的方法和意义。
学习重点	资源的稀缺性和欲望的无限性;市场经济的本质和内涵。
学习难点	机会成本原理和边际决策原理。
学习拓展	经济学的范围和实践意义;学习经济学的方法。

知识认知能力训练

 一、填空题

1. 人类最基本的需要是_____。
2. 人类获得物质资料的途径有两种:_____和_____。
3. 经济这一词来源于_____,其意思为_____。
4. 相对于人类社会的无限欲望而言,经济物品或者生产这些物品所需要的资源总是不足的,资源的这种相对有限性就是资源的_____。
5. 人类社会所必须解决的基本问题是:_____、_____、_____。这三个问题被称为_____。
6. 经济学是对人类各种经济活动和各种经济关系进行_____、_____以及_____的研究的各类学科的总称。
7. 从研究的范围来看,经济学可分为_____和_____。
8. 经济学作为一种方法,一种_____和_____,有助于拥有它的人得出正确的结论。
9. 实证分析要解决的是_____的问题,规范分析则要解决_____的问题。
10. 从均衡状态的角度来看,均衡可分为_____、_____和_____。

二、单项选择题

1. 经济学研究的是(　　)。
   A. 企业如何赚钱的问题
   B. 如何实现稀缺资源的有效配置和利用的问题
   C. 用数学方法建立理论模型
   D. 政府如何管理的问题
2. 区分宏观经济学和微观经济学的关键在于(　　)。
   A. 微观经济学研究个体经济行为,宏观经济学研究总体经济现象
   B. 微观经济学研究产品市场,宏观经济学研究政府行为
   C. 微观经济学研究产品经济,宏观经济学研究失业问题
   D. 微观经济学研究范围狭小,宏观经济学研究范围广泛
3. 经济学家讨论"人们的收入差距大一点好还是小一点好"这一问题属于(　　)所要研究的问题。
   A. 实证经济学　　　　　　　　　B. 规范经济学
   C. 宏观经济学　　　　　　　　　D. 微观经济学
4. "世界上没有免费的午餐"这一说法的前提是(　　)。
   A. 任何事物都有机会成本　　　　B. 人是自私的
   C. 政府不总是补贴食品生产　　　D. 不应出现食品银行
5. 现有资源不能充分满足人们的欲望这一事实被称为(　　)。
   A. 资源的有限性　　　　　　　　B. 资源的稀缺性
   C. 机会成本　　　　　　　　　　D. 人类欲望的无限性
6. 经济学研究的基本问题包括(　　)。
   A. 生产什么　　B. 生产多少　　C. 为谁生产　　D. 以上各点
7. "资源是稀缺的"是指(　　)。
   A. 资源是不可再生的　　　　　　B. 资源必须留给下一代
   C. 资源终将被消耗殆尽　　　　　D. 相对于需求而言,资源总是不足的
8. 小明星期六下午决定学习三小时,而不是去打网球。请问他学习的机会成本是(　　)。
   A. 学习三个小时后,学习成绩的提高
   B. 学习成绩的提高减去打网球带来的快乐
   C. 从打网球中得到的快乐和锻炼
   D. 没有机会成本
9. 下列选项属于宏观经济学研究内容的是(　　)。
   A. 政府管制对民航机票价格的影响　　B. 农民决定今年种植多少粮食的决策
   C. 加入WTO对中国汽车企业的影响　　D. 中国的高储蓄对经济增长的影响
10. 在日常生活中,人们会比较成本和收益从而做出决策,这在经济学中被称为(　　)。
    A. 边际决策原理　　　　　　　　B. 机会成本原理

C. 激励反应原理　　　　　　　　D. 比较优势原理

11. 我们必须在"是生产大炮还是生产黄油"的问题上做出选择,这主要是(　　)。
   A. 欲望的无限性　　　　　　　　B. 资源利用问题
   C. 资源配置问题　　　　　　　　D. 选择的普遍性

12. 现代经济学的奠基之作《国富论》一书的作者是(　　)。
   A. 亚当·斯密　　　　　　　　　B. 卡尔·马克思
   C. 梅纳德·凯恩斯　　　　　　　D. 马歇尔

13. 下列资源最不具稀缺性的是(　　)。
   A. 医生　　　　B. 空气　　　　C. 铁矿石　　　　D. 经济学课程

14. 经济学可定义为(　　)。
   A. 政府对市场经济的调节　　　　B. 企业获取报酬的活动
   C. 研究如何最合理地配置稀缺资源　D. 人们靠工资生活

15. 经济物品是指(　　)。
   A. 有用的物品　　　　　　　　　B. 稀缺的物品
   C. 市场上贩卖的物品　　　　　　D. 有用且稀缺的物品

16. 当经济学家说人们是理性的时,这是指(　　)。
   A. 人们不会做出错误的判断
   B. 人们总会从自己的角度做出最好的决策
   C. 人们根据完全的信息而行事
   D. 人们不会为自己所做出的任何决策而后悔

17. 下列问题不属于宏观经济学研究范畴的是(　　)。
   A. 橘子汁价格下降的原因　　　　B. 物价水平下降的原因
   C. 政府预算赤字对通货膨胀的影响　D. 国民生产总值的决定

18. 稀缺性问题(　　)。
   A. 只存在于依靠市场机制的经济中　B. 只存在于依靠命令机制的经济中
   C. 存在于所有经济中　　　　　　　D. 意味着至少有某些物品价格特别高

19. 下列命题属于规范分析命题的是(　　)。
   A. 征税对中等收入家庭是不公平的
   B. 2022年4月政府把贴现率降到8%
   C. 2021年美国失业率超过5%
   D. 美国社会保险税的课税依据已超过30 000美元

20. 专门研究政府经济行为的经济学被称为(　　)。
   A. 宏观经济学　　B. 规范经济学　　C. 产业经济学　　D. 公共经济学

三、判断题

1. 资源的稀缺性,指的是相对于人类社会无限欲望而言的资源的有限性。(　　)
2. 因为存在资源浪费,所以资源并不稀缺。(　　)

3. 经济学又被称为选择的科学。（   ）
4. 是否利用价值判断是实证经济学与规范经济学的根本区别。（   ）
5. 社会实现产品所有数量组合低于生产的最大可能性,说明存在着资源闲置或浪费现象。（   ）
6. 微观经济学的中心理论是价格理论。（   ）
7. 经济学根据研究方法的不同,可以分为微观经济学和宏观经济学。（   ）
8. "中国老百姓对食物的支出比重下降了"属于宏观经济学命题。（   ）
9. 经济学是研究人类关于选择行为的科学。（   ）
10. 如果在你观察的两个经济现象之间存在某种规则性的关联,那么,这两种现象是相关的。（   ）
11. 理性人假定在本性上被假设是利己的。（   ）
12. 经济学能够教会你如何赚钱。（   ）
13. 如果社会不存在资源的稀缺性,也就不会产生经济学。（   ）
14. 资源的稀缺性决定了资源可以得到充分利用,不会出现资源浪费现象。（   ）
15. 微观经济学是研究整体经济的。（   ）

四、简答题

1. 如何正确地理解资源的稀缺性。

2. 简述微观经济学与宏观经济学的区别与联系。

3. 理性人假设的含义是什么？

4. 简述规范分析与实证分析的异同。

5. 试举例说明常用到的经济学原理主要有哪些。

6. 学习经济学的意义是什么？如何学好经济学？

专业运用能力训练

一、案例分析

案例 1　机会成本与经济学思维

湖南省的一个农民某甲以 8 000 元购买优质品种的 A 种仔猪,目的是繁殖仔猪进行销售。但销售仔猪的农场以劣等的 B 种仔猪冒充,价格仅为 A 种仔猪的四分之一。后来某甲繁殖的仔猪无人购买,某甲发现是出售该仔猪的农场以次充好,经过交涉未取得满意结果,造成直接经济损失 5 万元。某甲告到法院要求农场赔偿 5 万元。农场认为当初双方的交易额是 8 000 元,赔偿 5 万元是天方夜谭。

试分析：如何以经济学思维方式来解决这一问题?

案例 2　开罐头

一个烈日炎炎的中午,几位在沙漠上旅行的学者经过长途跋涉,饥渴交困。然而不幸的是,当他们坐下来围着随身所携带的一堆罐头时,却因为没有开罐工具而一筹莫展。于是,一场研究如何用最简单的办法开启罐头的学术讨论会开始了。

物理学家首先发言:"给我一个聚光镜,我可以用阳光把罐头打开。"

化学家接着说:"我可以利用几种化学药剂的综合反应来开启罐头。"

而经济学家则说:"我的办法最简单。假设我有一把开罐刀……"

试分析:(1) 根据上述故事,请你谈谈在经济学的研究中假设的重要性。
　　　　(2) 在对经济学的研究中,我们采用的主要方法是什么?

二、小组讨论

有人认为,不断发展的科学技术可能克服资源的稀缺性,从而实现"按需分配"的分配方式,你认为这种说法是否有道理?如何理解资源相对于人的无限欲望而言永远是稀缺的这一经济学原理?

专业拓展能力训练

请同学们进行社会调查,寻找生活中三个与经济学有关的案例并制作PPT加以说明。

项目 2

商品、货币与市场经济

学习引导

内容提要	商品的定义;商品的价值和使用价值;商品的价值量;社会必要劳动时间;一般等价物的概念;货币的职能;市场经济的内涵、作用;市场经济运行流程;市场机制;社会主义市场经济的基本概念、基本内容和特点。
学习重点	商品的价值和使用价值;一般等价物;市场经济运行流程;市场机制。
学习难点	市场经济运行流程;市场机制。
学习拓展	电子货币的现状和发展;社会主义市场经济的发展。

知识认知能力训练

一、填空题

1. 商品能够满足人们某种需要的属性,就是商品的_____。商品的使用价值是由商品本身的_____决定的。

2. 价值是凝结在商品中的_____,_____决定商品价值量。

3. 劳动生产率,是指劳动者生产某种产品的_____。它通常有以下两种表示方法:一是以_____所生产的产品的数量来表示;二是以生产_____所耗费的劳动时间来表示。

4. 交换的发展,使一般等价物固定地由_____来承担。

5. 货币有五种职能:价值尺度、_____、支付手段、_____、世界货币。

6. 货币是从商品中分离出来的,固定充当_____的商品。

7. 市场经济是同商品经济密切联系的_____,是在产品、劳动力和生产要素逐步商品化的基础上形成、发展起来的,是_____的商品经济。

8. 市场经济的实质是以_____为中心来构建经济流程,通过_____的作用进行资源配置,用_____调节社会生产的种类和数量以协调供需关系,按照优胜劣汰的竞争机制进行_____,实现国民经济均衡、稳定的发展。

9. 供求机制通过价格、_____和需求量等_____来调节社会生产和需求，最终实现供求之间的基本平衡。

10. 1936 年英国经济学家_____的经济学巨著_____被认为是现代市场经济的奠基之作，开辟了市场经济发展的新纪元。

二、单项选择题

1. 市场机制是一个整体，其中（   ）是核心机制。
   A. 价格机制   B. 供求机制   C. 竞争机制   D. 风险机制
2. 价值规律要求商品必须实行等价交换，其表现为（   ）。
   A. 价格和价值完全相等   B. 价格不受价值影响
   C. 价值围绕价格上下波动   D. 价格围绕价值上下波动
3. 2009 年 8 月，小王采用银行按揭贷款的方式购买了价格为 42 万元的住宅商品房，其中首付现金 12 万元，在以后 15 年内分期付清银行贷款 30 万元及利息 8 万元。这里的 42 万元、12 万元、8 万元分别执行了货币的（   ）职能。
   A. 价值尺度、流通手段、支付手段   B. 流通手段、价值尺度、支付手段
   C. 价值尺度、支付手段、贮藏手段   D. 支付手段、流通手段、贮藏手段
4. 下面哪一个部门属于两部门经济运行模型的内容（   ）。
   A. 政府   B. 家庭   C. 出口   D. 进口
5. 钱可以买到房屋，但买不到家；钱可以买到珠宝，但买不到美；钱可以买到小人之心，但买不到君子之志。这说明（   ）。
   A. 金钱不是万能的   B. 金钱不是财富的象征
   C. 金钱是财富的象征   D. 对待金钱要"取之有道，用之有度"
6. 在市场经济运行流程图中，（   ）为流程的起始点。
   A. 报酬   B. 销售   C. 支出   D. 收入
7. 社会主义经济之所以是市场经济，不是以下哪个方面所决定的（   ）。
   A. 生产力发展水平和社会分工相对落后
   B. 国家、集体、个人三者经济利益的差异长期存在
   C. 国家的上层建筑存在着差异
   D. 市场经济可以极大地促进社会生产力的发展
8. 我国社会主义市场经济要求建立的现代市场体系是（   ）。
   A. 统一、开放、竞争、有序的现代市场体系
   B. 统一、开放、合规、有序的现代市场体系
   C. 多元、开放、竞争、有序的现代市场体系
   D. 多元、开放、合规、有序的现代市场体系
9. 作为流通手段的货币（   ）。
   A. 必须是金本身   B. 必须是银本身
   C. 必须是现实的货币   D. 必须是观念上的货币
10. 国家规定，从 1998 年下半年起停止住房实物分配，逐步建立起住房分配货币化的住房分配体系。这里的"实物分房"与"货币分房"（   ）。

A. 都属于商品交换　　　　　　　B. 都不是商品交换
C. 前者是商品交换，后者不是　　D. 前者不是商品交换，而后者是

11. 顾客对手机功能有不同需求，说明人们关注（　　）。
A. 商品的使用价值　　　　　　　B. 商品的价值
C. 商品的外观设计　　　　　　　D. 商品的价格

12. 根据使用价值和价值的关系，以下说法正确的是（　　）。
A. 有价值的产品不一定有使用价值
B. 有价值的产品一定有使用价值
C. 有使用价值的产品一定有价值
D. 凡是有用的东西都有使用价值与价值

13. 市场经济的核心构成不包括（　　）。
A. 产权基础　　B. 市场主体　　C. 交换媒介　　D. 市场客体

14. 随着商品交换的进一步发展，最后，一般等价物都集中到贵金属金银上。这是因为（　　）。
① 金银体积小、价值大、便于携带　② 金银在自然界的储量多　③ 金银性质稳定，久藏不坏　④ 金银质地均匀，容易分割
A. ①②③　　B. ②③④　　C. ①③④　　D. ①②④

15. 全国人大常委会《关于惩治破坏金融秩序犯罪的决定》规定："明知是伪造的货币而持有、使用，数额较大者，处三年以下有期徒刑或者拘役，并处一万元以上十万元以下的罚金。"这表明（　　）。
A. 金银货币不能在我国市场上流通　　B. 纸币是由国家发行和强制使用的
C. 只有金银货币才能使用　　　　　　D. 纸币也是有价值的，不允许伪造

16. 市场经济的基础构成不包括（　　）。
A. 产权基础　　B. 道德基础　　C. 信用行为　　D. 社会保障

17. 房地产市场属于（　　）。
A. 消费品商品市场　　　　　　　B. 生产资料市场
C. 要素市场　　　　　　　　　　D. 金融市场

18. 整个社会的劳动生产率普遍提高，那么单位商品的价值量（　　）。
A. 提高　　B. 降低　　C. 不变　　D. 不确定如何变化

19. 不属于市场经济体系优点的是（　　）。
A. 具有激励和创新的内在动力
B. 具有全国一盘棋的"集中资源办大事"的体制优势
C. 具有优越的信息传导和处理机制
D. 具有进步和创新的巨大潜力

20. 商品生产者要获得更多收益必须使生产商品的（　　）。
A. 个别劳动时间等于社会必要劳动时间
B. 个别劳动时间低于社会必要劳动时间
C. 个别劳动时间高于社会必要劳动时间
D. 个别劳动时间大大高于社会必要劳动时间

三、多项选择题

1. 商品的使用价值是（　　）。
   A. 由商品的自然属性决定的　　　　B. 由交换决定的
   C. 商品价值的物质承担者　　　　　D. 价值的决定因素
   E. 商品的社会属性

2. 下列选项中，（　　）属于两部门经济运行模型的假设。
   A. 社会具有家庭、企业和政府三个部门　　B. 开放型的社会
   C. 所有市场的参与者都是理性人　　　　　D. 物价水平不发生变动

3. 市场经济的基础构成包括（　　）。
   A. 产权基础　　　　　　　　　　　B. 道德基础
   C. 信用行为　　　　　　　　　　　D. 社会保障

4. 决定和影响劳动生产率高低的因素有（　　）。
   A. 劳动者的技能和熟练程度　　　　B. 科学技术水平和它在工艺上的应用程度
   C. 经营管理水平　　　　　　　　　D. 生产资料的规模和效能
   E. 自然条件

5. 商品是（　　）。
   A. 用来交换的劳动产品
   B. 使用价值和价值的统一体
   C. 具有使用价值而没有价值的劳动产品
   D. 具有价值而没有使用价值的劳动产品
   E. 交换价值和价值的统一体

6. 一定时期流通中所需的货币量（　　）。
   A. 与商品价格总额成正比　　　　　B. 与商品价格成正比
   C. 与同一货币流通速度成反比　　　D. 与待售商品总量成反比

7. 价值规律要求商品必须实行等价交换，其作用表现为（　　）。
   A. 支配着商品生产和商品交换
   B. 起着资源配置的作用
   C. 刺激商品生产者改进技术和提高劳动生产率
   D. 导致社会的两极分化

8. 下列选项中，（　　）是社会主义市场经济体制的基本内容。
   A. 以公有制为主体，多种经济成分共同发展
   B. 以按劳分配为主体，多种分配方式并存
   C. 以计划手段为主的完善的宏观调控体系
   D. 多层次的社会保障制度

9. 下列选项中，（　　）是市场的基本元素。
   A. 交易场所　　　B. 卖者和买者　　　C. 交易对象　　　D. 货币

10. 社会主义市场机制功能的发挥具有的特点包括（　　）。
    A. 在资源配置中市场机制的作用与政府导向紧密结合
    B. 在经济利益调节中市场机制的作用与政府导向紧密结合
    C. 在经济利益调节中市场机制的作用与社会协调结合
    D. 在资源配置中市场机制的作用与社会协调结合

四、判断题

1. 有了社会分工就必然产生商品经济。（　　）
2. 在两部门市场经济流程图中，虚线箭头代表使用价值的流动，实线箭头代表价值的流动。（　　）
3. 商品的价值量是由个别劳动时间决定的。（　　）
4. 货币天然是金银，但金银天然不是货币。（　　）
5. 货币是商品交换发展到一定阶段的产物。（　　）
6. 市场体系是以商品市场为主体，包括各级各类市场在内的有机统一体，是包括商品市场、生产要素市场和金融市场在内的各类型市场的总和。（　　）
7. 社会主义市场经济服从于发展生产力，从而满足人民日益增长的物质和文化生活需要这个大目标。（　　）
8. 市场机制是市场内部各要素相互适应、相互制约、共同发挥作用形成的由政府主导组织、调节的运行机理与综合机能，是市场运行的实现机制。（　　）
9. 完善的市场体系作为市场经济发展必不可少的基础，具有统一性、封闭性、有序性和竞争性等基本特征。（　　）
10. 价值以价格为基础是价值规律发挥作用的表现形式。（　　）

五、简答题

1. 简述价值规律为什么会自发地促进社会生产力的发展。

2. 货币的本质和职能是什么？

3. 商品价值量是如何决定的？它反映着商品生产者之间怎样的经济关系？

4. 两部门市场经济运行模型的假设有哪些？

5. 如何理解市场机制是一个整体？

6. 简述社会主义市场经济体制的基本内容。

专业运用能力训练

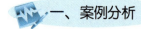

一、案例分析

从货币的产生看货币的形态与本质

许多东西都充当过货币的材料，从贝壳等实物到金银等贵金属，到纸币，以至目前流动的电子货币都被当作普遍接受的交换媒介。"在古代，据说曾以牲畜作为商业上的通用媒介。牲畜无疑是极不便的媒介，但我们发现，古代往往以牲畜头数作为交换的评价标准，亦即用牲畜交换各种物品。荷马曾说：迪奥米德的铠甲仅值牛9头，而格罗卡斯的铠甲却值牛100头。据说，阿比西尼亚以盐为商业变换的媒介；印度沿海某些地方以某种贝壳为媒介；弗吉尼亚用烟草；纽芬兰用干鱼丁；我国西印度殖民地用砂糖；其他若干国家则用兽皮或鞣皮。据我所闻,直到今日,苏格兰还有个乡村,用铁钉作媒介,购买麦酒和面包。"(亚当·斯密,《论货币的起源及其效用》)从这段描述可以看出,牲畜、贝壳、烟草和铁钉等实物都曾充当过货币。

17世纪,在印度的许多地方,贝壳与"巴达姆"(badam,一种不能吃的波斯硬果)被民众广泛使用,与铜币争夺地盘。在印度和中国的许多地方,由于开采铜和铸造铜币的成本比开采白银和铸造银币,甚至比开采黄金和铸造金币的成本还要昂贵,因此当铜短缺时或铸币成本太高时,在最偏远的市场上,贝壳就取代了铜币。直到18世纪,贝壳作为货币在非洲的奴隶贸易中仍有很大的需求。同时,枪支、巴西烟草、亚麻布、法国白兰地和火药也被用于黑人奴隶交易。当时,购买一个奴隶的价格分别是100磅贝壳、12支枪、5包巴西烟草、25匹亚麻布、1桶(约40升)法国白兰地或15磅火药。与贝币同时使用的还有盐币。在中国明代,楚雄府就曾用人工加工好的盐块做货币,一个盐块重2两。1936年,云南大学历史系教授方国瑜在倮黑山还见到以盐币交易的情况,这些盐币每块长宽1.5寸(5厘米),厚4分(约1.33厘米),30块重1市斤(500克)。

在南太平洋的雅普岛上人们曾经把石头作为货币,第二次世界大战中的集中营和战后的德国及20世纪80年代的俄罗斯都曾把万宝路香烟作为货币。

试分析:有人说,黄金不是货币,而是货币的材料。你同意这种观点吗,为什么?如果不同意,那么货币又是什么?

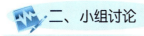

二、小组讨论

请根据四部门市场经济运行图深入探讨市场经济有哪些重要的元素、结构和关系。

专业拓展能力训练

一、社会调查

调查现有的电子货币的种类并列举各自的使用比率,根据调查内容分析人们使用电子货币的习惯并撰写分析报告。

二、资料检索

请收集有关资料说明我国市场经济的演变过程。

项目 3

供求与市场均衡分析

学习引导

内容提要	需求和供给的表达;需求量和供给量的变动;需求与供给的变动;影响需求和供给的因素;用图形表达需求(量)和供给(量)的变动;需求价格弹性的概念;点弹性和弧弹性的计算;需求价格弹性的种类和影响需求价格弹性的因素;需求弹性的运用;供给价格弹性的种类和影响供给价格弹性的因素;市场均衡的条件、形成和变动;供求规律;价格理论的运用。
学习重点	需求与供给的变动;需求弹性的运用;供求规律及运用。
学习难点	需求量和需求之间的差异;用图形表达市场均衡价格的形成和变动。
学习拓展	运用弹性原理解释商品价格变动现象;运用供求规律分析现实的经济问题;价格政策的运用。

知识认知能力训练

一、填空题

1. 需求是指消费者(家庭)在某一特定时期内,在某一价格水平时愿意而且能够购买的_____。需求是_____与_____的统一。

2. 影响需求(量)的因素主要是收入、_____、_____、_____等。

3. 供给是指生产者(企业)在某一特定时期内,在每一价格水平时愿意而且能够供应的_____。供给也是_____与_____的统一。

4. 影响某种商品供给量的因素主要是_____、相关商品价格、_____、生产者对未来的预期和政府的相关政策等。

5. 弹性指在经济变量之间存在函数关系时,_____对_____的反应程度,其大小可以用两个变化的百分比来表示,这就是弹性系数。弹性一般分为_____和_____。

6. 如果某种商品的需求是富有弹性的,那么该商品的价格下降时,需求量(销售量)

_____的比率大于价格_____的比率,销售者的总收益会_____。

7. 在经济学中的均衡是指经济中各种对立的、变化的经济力量处在一种_____的均衡状态下。均衡按照时间因素变化可以分为_____、_____和_____。

8. 均衡价格表现为市场上_____和_____这两种相反的力量共同作用的结果。

9. 当供给不变,而需求变动时,均衡价格和均衡数量与需求呈_____。需求不变,供给变化时,均衡价格与供给呈_____,均衡数量则与供给呈_____。

10. 支持价格又叫保护价格,是指政府为了扶持和保护某一行业的生产,对该行业产品规定高于市场均衡价格的_____。

二、单项选择题

1. 决定价格的主要因素是(   )。
   A. 个人需求　　　B. 市场需求　　　C. 政府干预　　　D. 消费者收入变化
2. 当出租车租金上涨后,对公共汽车服务的(   )。
   A. 需求增加　　　B. 需求量增加　　C. 需求减少　　　D. 需求量减少
3. 下列选项反映需求规律的是(   )。
   A. 汽油价格提高导致小汽车销量减少
   B. 计算机价格下降导致销量增加
   C. 商品房价格上升会使商品房质量提高
   D. 电费价格下降会使家电销量增加
4. 下列说法不正确的是(   )。
   A. 如果供给减少,需求不变,则均衡价格上升
   B. 如果需求增加,供给减少,则均衡价格上升
   C. 如果需求减少,供给增加,则均衡价格不变
   D. 其他因素保持不变,只是某种商品价格下降,则该商品需求量增加
5. 影响需求弹性的因素主要是(   )。
   A. 生产时间的长短　　　　　　　B. 生产要素的价格
   C. 商品的使用时间　　　　　　　D. 商品的使用价值
6. 下列情况会使总收益增加的是(   )。
   A. 价格上升,需求缺乏弹性　　　B. 价格上升,需求富有弹性
   C. 价格下降,需求缺乏弹性　　　D. 以上三者都不对
7. 如果某商品需求价格弹性系数大于1,则该商品价格上升会导致(   )。
   A. 该商品销售收益不变
   B. 该商品销售收益增加
   C. 该商品销售收益可能上升也可能下降
   D. 该商品销售收益下降
8. 假如生产某种商品的原材料价格下降,则这种物品(   )。
   A. 供给曲线向右移动　　　　　　B. 供给曲线向左移动

C. 需求曲线向右移动　　　　　　　　D. 需求曲线向左移动

9. 如果建筑工人的工资提高了,商品房的(　　)。
   A. 供给曲线向右移动　　　　　　　　B. 供给曲线向左移动
   C. 需求曲线向右移动　　　　　　　　D. 需求曲线向左移动

10. 在供给曲线既定的条件下,需求曲线右移将使(　　)。
    A. 均衡价格提高,均衡产量增加　　　B. 均衡价格下降,均衡产量增加
    C. 均衡价格提高,均衡产量减少　　　D. 均衡价格下降,均衡产量减少

11. 在需求曲线既定的条件下,供给曲线右移将使(　　)。
    A. 均衡价格提高,均衡产量增加　　　B. 均衡价格下降,均衡产量增加
    C. 均衡价格提高,均衡产量减少　　　D. 均衡价格下降,均衡产量减少

12. 政府将价格限制在均衡价格以下,可能会导致(　　)。
    A. 黑市交易
    B. 大量积压
    C. 买者以低价买到希望购买的商品数量
    D. 该商品供大于求

13. (　　)的调节可以使资源配置达到最优。
    A. 需求　　　B. 供给　　　C. 价格弹性　　　D. 价格

14. 如果一种商品的需求价格弹性系数为 0.5,则该商品价格由 1 元上升到 1.04 元会导致其需求量(　　)。
    A. 增加 4%　　　B. 增加 2%　　　C. 减少 4%　　　D. 减少 2%

15. 在得出某种商品的需求曲线时,下列因素不为常数的是(　　)。
    A. 消费者的收入　　　　　　　　　B. 其他商品的价格
    C. 消费者的偏好　　　　　　　　　D. 商品本身的价格

16. 在某一时期彩电的需求曲线向左平移的原因是(　　)。
    A. 彩电的价格提高了　　　　　　　B. 消费者对彩电的预期价格上升
    C. 消费者对彩电的偏好下降　　　　D. 消费者的收入水平提高了

17. 在其他因素不变的情况下,一种需求富有弹性的商品的价格下降将导致(　　)。
    A. 需求增加　　　　　　　　　　　B. 需求减少
    C. 需求量增加　　　　　　　　　　D. 需求量减少

18. 如果消费者对某商品的偏好突然下降,但这种产品的生产技术有很大改进,则(　　)。
    A. 该商品的需求曲线和供给曲线都向右移动并使均衡价格和产量提高
    B. 该商品的需求曲线和供给曲线都向右移动并使均衡价格和产量下降
    C. 该商品的需求曲线向右移动、供给曲线向左移动并使均衡价格上升而均衡产量下降
    D. 该商品的需求曲线向左移动、供给曲线向右移动并使均衡价格下降,但均衡产量可能增加也可能减少

19. 供求定律表明了(　　)。
    A. 一种恒等关系　　　　　　　　　B. 一种均衡关系

C. 一种行为关系　　　　　　　　D. 以上都不对

20. 当新能源汽车的价格下跌时,燃油车的价格将(　　)。
    A. 减少　　　B. 保持不变　　　C. 增加　　　D. 以上都有可能

21. 一颗钻石比一加仑水卖的价钱更高,这是因为(　　)。
    A. 奢侈品总比必需品卖的价钱更高
    B. 只有一小部分人需要钻石,而所有人都需要水
    C. 总的钻石使用价值超过了总的水的价值
    D. 以上都不对

22. 需求规律说明(　　)。
    A. 药品的价格上涨会使药品质量提高
    B. 计算机价格下降导致销售量增加
    C. 丝绸价格提高,游览公园的人数增加
    D. 卡车的价格提高,小汽车的销售量减少

23. 政府无论调高或调低价格,其结果(　　)。
    A. 都会使消费者受到好处　　　　B. 都会使生产者得到好处
    C. 都会使供求失衡现象消失　　　D. 都可能使供求失衡现象持续存在

24. 一般来说,一国粮食产量大幅度增加,将会导致粮食价格和需求量的变动。下列各图可以较为准确地反映这种变动的是(　　)

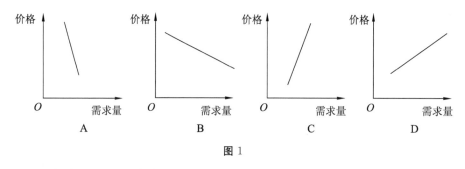

图1

25. 2012年春节过后的猪肉价格连续11周回落,累计跌幅将近14%,部分地区的养殖户出现明显亏损。伴随猪肉价格下降,可能出现的情况有(　　)
    ① 会带来猪饲料需求量的增长　② 生产者会缩小生猪的生产规模　③ 牛肉的需求量会有所上升　④ 牛肉的价格会有所下跌
    A. ①②④　　　B. ①④　　　C. ②④　　　D. ②③④

26. 对右图中由 Q_1 点到 Q_2 点运动的描述,理解正确的是(　　)。
    A. 该商品因供过于求而减少生产规模
    B. 该商品的互补商品需求量从增加到减少
    C. 该商品的替代商品需求量从减少到增加
    D. 该商品因价格上升而促使生产者扩大生产规模

27. 汽、柴油价格的上调可能带来的影响是(　　)。
    ① 其互补商品销售量减少　② 改用燃气的出租车数量增加　③ 物流业的生产成本提

高　④ 导致国际油价大幅度上涨

A. ①②③　　　B. ①②④　　　C. ①③④　　　D. ②③④

28. 吉芬商品指的是价格上升引起需求量增加的物品,在生活中常常会有"越涨越买"的现象。对这种经济现象的合理解释是(　　)。

A. 该商品处于买方市场,消费者起主导作用

B. 该商品处于卖方市场,消费者预期价格继续上涨

C. 消费者享有消费自由,理性、求实、适度消费

D. 不同商品的需求弹性不同,生活必需品的需求弹性大

29. 2012年,某县农民种植的土豆产量大增,但市场没有相应扩大,农民不得不低价销售,收入不增反降。下列各图能够反映这种"丰产不丰收"经济现象的是(　　)。

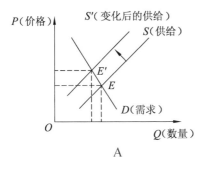 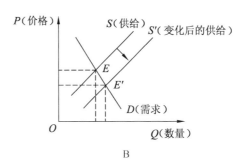

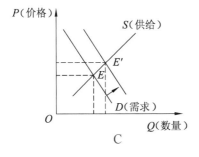 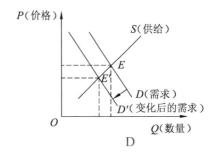

图 5

30. 甲商品的价格每下降10个单位,需求增加15个单位;乙商品的价格每下降10个单位,需求增加5个单位。下列说法正确的是(　　)。

A. 甲商品需求弹性大,更适合采取"降价促销"的方式

B. 乙商品需求弹性大,更适合采取"降价促销"的方式

C. 如果居民收入不断增长,则更适合扩大甲商品的生产

D. 如果整体经济不景气,则乙商品的生产会先受到冲击

三、判断题

1. 在其他条件不变的情况下,当某种商品的价格上升时,其需求曲线向左平移。(　)
2. 如果对X的需求是由X和Y的价格以及消费者的收入决定的,那么当X和Y的价格、消费者的收入都增长一倍时,对X的需求不变。(　)
3. 如果需求增加,那么需求量一定增加。(　)
4. 市场需求曲线是消费者对该商品需求曲线的总和。(　)
5. 吉芬商品是劣等品。(　)
6. 对厂商征税,将使产品的供给曲线左移,均衡价格上升,均衡产量下降。(　)
7. 如果农产品价格下降导致农民对农产品的消费减少,那么这种农产品一定是劣等品。(　)
8. 均衡价格是供求曲线的交点。(　)
9. 对于吉芬商品,厂商提价可以增加收入。(　)
10. 缺乏弹性的商品不可能是正常商品。(　)
11. 一般情况下奢侈品的价格弹性比生活必需品的价格弹性小。(　)
12. 随着需求曲线的移动,均衡价格和均衡产量同时上升10%,此时需求为单位弹性。(　)
13. 在任何情况下,价格调节都是完善的。(　)
14. 完全有弹性是指价格的变化对总收益没有影响。(　)
15. 商品越缺乏弹性,政府对其征收的税就越多。(　)
16. 如果商品缺乏弹性,想要扩大销售收入,则要提高价格。(　)
17. 已知某商品的需求弹性小于1,则这种商品是奢侈品。(　)
18. 电影院的座位不会因价格的升降而改变,这就是"吉芬商品"。(　)
19. 富有弹性的商品涨价,总收益增加。(　)
20. 限制价格应高于市场价格,支持价格应低于市场价格。(　)

四、简答题

1. 价格下降如何消除过剩?

2. 需求量变动与需求变动有何区别？

3. 为什么个人电脑的需求增加时，个人电脑的价格却一直在下降？

4. 为什么只有使需求量与供给量相等的价格才是均衡价格？

5. 均衡价格是怎样决定的？

6. 需求和供给的变动对均衡价格、均衡数量产生怎样的影响？

7. 影响需求价格弹性的因素有哪些？

8. 何为需求价格弹性？需求价格弹性的大小与销售收入变动有何关系？

专业运用能力训练

一、计算题

1. 已知完全竞争市场中某商品的需求函数为 $Q_d = 60 - 2P$,供给函数为 $Q_s = 30 + 3P$。

求:(1) 市场的均衡价格和均衡产量。

(2) 均衡点的需求弹性和供给弹性。

2. 某厂商经过实际测试,已知本企业产品的需求曲线上有两点分别为:A 点($P=10$,$Q=15\,000$);B 点($P=5$,$Q=20\,000$)。

求:(1) 从 A 点降价到 B 点时的需求价格弧弹性。

(2) 从 B 点提价到 A 点时的需求价格弧弹性。

(3) A、B 两点之间的中点的需求价格弧弹性。

3. 某种商品的需求价格弹性系数为1.5,当该商品减价8%时,需求量会增加多少?

4. 某种商品原来的价格为20元,后降至16元,原来的需求量是200件,降价后需求量为240件,该商品的需求价格弹性系数为多少?属于哪种需求价格弹性?

5. 某种商品原来的价格为12元/千克,销售量为3 000千克,该商品的需求价格弹性系数为1.8,如果降价为9元/千克,此时的销售量是多少?降价后的总收益是增加了还是减少了?增加或减少了多少?

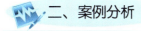

二、案例分析

案例1 北京的地铁票价

北京地铁拥挤的车厢、高额的补贴……在当前地铁供需条件下,票价的合理性成为人们关注的焦点。某校学生围绕"北京地铁票价涨不涨、怎么涨"开展研究性学习,在采访乘客的过程中,了解到如下一些看法。

乘客甲:"两块钱票价真便宜,涨价就不那么挤了。不过我每次就坐两站,总不该和坐几十站的人花一样多的钱呀。"

乘客乙:"我通常在高峰期挤地铁上班,真是人进去,相片出来啊。其实,非高峰期就没这么多人。"

乘客丙:"地铁便捷、污染少,关系到老百姓的民生,不能只考虑经济因素。"

结合材料,你认为地铁票价应怎样调整?运用微观经济学相关知识说明理由。

案例2 票贩子为什么屡禁不止

看过病的人都知道在北京一些名牌医院挂专家门诊号有多难。这里的问题倒不是价格,国家对专家门诊的价格有明确的规定,北京某医院的专家门诊最高价格为14元,其目的是为了保证低收入者也能找专家看病。但它引起了什么后果呢?该医院的票贩子开始大量出现。票贩子是一批以倒号为业的人,他们或拉帮结伙装作病人挂号,或与医院有关人员勾结把号弄到手,然后以黑市价格(比如200元)卖给病人。尽管公安部门屡次打击票贩子,但由于丰厚的利润,票贩子屡禁不止。医院为了对付票贩子,实行了持身份证挂号的实名制看病,但仍没有解决问题,变化只是票贩子由卖号变成了卖排队的位置。

试分析:(1)为什么会有大量的票贩子存在?

(2)票贩子的存在损害了哪些人的利益?

(3)如何从根本上解决票贩子屡禁不绝的问题?

案例3　石油与天然气

在20世纪80年代晚期,很多美国东海岸的学校都采购了昂贵的设备,准备用来使学校能迅速地从以油为热源转而使用天然气,以避免遭受油价突然上升的打击,就像他们在20世纪70年代早期曾遭受过的那样。

1990年秋天,伊拉克入侵科威特,油价飞涨,而那些学校已由烧油改为烧天然气。估计能源费将有很大节省的学校主管们却受到了一个打击:他们根本没有节省多少。当他们收到来自当地公共事业公司的账单时,他们发现天然气的价格就像油价一样也显著上涨。许多主管在公共事业公司愤怒地抱怨和谴责公司的价格欺诈。他们的理由是,伊拉克侵占科威特,根本没有影响到天然气的供应,所以天然气的价格没有理由也上升。

试分析:(1)为什么伊拉克侵占科威特造成油价上升?
(2)为什么天然气的价格也上升?

案例4　小麦的价格

这几年国家通过最低保护价收购、免收农业税、粮食补贴等一系列惠农支农政策,减轻了农民的负担,提高了农民种粮的积极性,使粮食连续多年稳定增长,取得了大丰收。粮食丰产,价格必然下降,国家又推出了支持价格政策,成立于2000年的大型国有企业中国储备粮管理总公司一举收购了全国小麦总产量的40%,使小麦成功地实现了顺价拍卖。

试分析:支持价格是否实现了增加农民收入的初衷?

三、小组讨论

1. 进入21世纪,我国家用轿车价格大幅下降,但汽油价格上升较多,城市停车泊位的增长速度跟不汽车的增长量。同时,居民收入也在迅速增多。请讨论如何用图形反映轿车市场供求及相关商品市场供求状况。

2. 汽油的长期需求弹性和短期需求弹性。

1973—1981年,汽油价格急剧上涨。起初,消费者只能节约少量的汽油。有些假期旅行也被取消了,许多上班者开始坐公共汽车上班,但这种选择是有限的。1973—1975年,每辆车的平均油耗从每年的736加仑减少到685加仑,降低了7%。但如果有更多的时间供调整,消费者就有可能进一步减少油耗。小型的节油车更加普及,轿车每加仑汽油平均英里数从1973年的13.3增加到1981年的15.7。有些人还调动了工作,或搬到离工作单位较近的地方去住。这些变化使小轿车的平均行驶里程在同期内从9 800英里减少到8 700英里。所有这些变化使美国在1973—1981年间,每辆车每年消耗的油量从736加仑减少到555加仑,降低了25%。

试讨论:汽油的长期需求弹性和短期需求弹性哪个更大?为什么?

专业拓展能力训练

一、社会调查

调查手机市场中不同档次手机的价格变动和需求弹性,根据调查内容写一篇1 500字以上的调查报告。

二、资料检索

请上网查阅资料,根据资料说明需求价格弹性与总收益的关系。
要求:要有背景资料、过程描述及对问题的评价。

项目 4

消费者行为

学习引导

内容提要	效用的含义;效用理论;基数效用和序数效用的区别;无差异曲线;消费者偏好;边际效用递减规律;边际效用递减在社会经济生活中的体现;预算线的含义;消费者剩余;消费者均衡的条件;消费者均衡点变动的原因;影响消费者购买行为的因素;运用消费者行为理论分析消费者的购买行为。
学习重点	边际效用递减规律;预算线的含义;消费者均衡的条件。
学习难点	边际效用递减规律;消费者剩余。
学习拓展	边际替代率递减规律;消费者均衡在现实生活中的运用。

知识认知能力训练

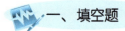一、填空题

1. 研究消费者行为的基数效用论认为,效用的大小_____,因此效用的大小可以用_____表示。

2. 当边际效用为正数时,总效用是_____的;当边际效用为零时,总效用达到_____;当边际效用为负数时,总效用_____。

3. 用公式表示消费者均衡的限制条件为_____,均衡条件为_____。

4. 消费者愿意对某种物品所支付的价格与他实际支付的价格的差额称为_____。

5. 研究消费者行为的序数效用论认为,效用只能表示满足程度的_____与_____,因此效用的大小只能用_____表示。

6. 边际效用是_____满足程度,用_____表示。

7. 无差异曲线表示消费者在一定的偏好、一定的技术条件和一定资源条件下选择商品时,不同组合的商品带给消费者的满足程度是_____。

8. 预算线又称为消费者可能线或价格线,表示在消费者的收入和商品的价格给定的条

件下,消费者的全部收入所能购买到的商品的_____。

9. 消费者实现效用最大化的均衡条件是两种商品的_____等于这两种_____的价格之比。

10. 食物在消费总支出的比重这一比例被称为_____,它是衡量一个国家和地区的富裕程度的重要指标。

二、单项选择题

1. 基数效用论采用的方法是(   )。
   A. 边际效用分析法　　　　　　　B. 无差异曲线分析法
   C. 等产量线分析法　　　　　　　D. 成本收益分析法

2. 边际效用递减,意味着当 X 商品的消费量不断增加时,能代替的 Y 商品的数量(   )。
   A. 越来越多　　B. 越来越少　　C. 保持不变　　D. 以上均不正确

3. 设对某一消费者有 $MU_X/P_X < MU_Y/P_Y$,为使他得到的效用最大,他将(   )。
   A. X、Y 的价格不变,增加 X 的购买量,减少 Y 的购买量
   B. X、Y 的价格不变,增加 Y 的购买量,减少 X 的购买量
   C. 仅当 X 的价格降低时,才有可能增加 X 的购买量
   D. 仅当 Y 的价格降低时,才有可能增加 Y 的购买量

4. 当消费者对商品 X 的消费达到饱和点时,则边际效用 MU_X 为(   )。
   A. 正值　　　　B. 负值　　　　C. 零　　　　　D. 不确定

5. 序数效用是指(   )。
   A. 效用是可以计量并加总求和的
   B. 效用的大小可以用基数来表示
   C. 效用是不可以比较的
   D. 效用只能表示出满足程度的高低与顺序,用序数来表示

6. 序数效用论采用的方法是(   )。
   A. 边际效用分析法　　　　　　　B. 无差异曲线分析法
   C. 等产量线分析法　　　　　　　D. 成本收益分析法

7. 预算线向右上方平行移动的原因是(   )。
   A. 商品 X 的价格下降了
   B. 商品 Y 的价格下降了
   C. 商品 X 和 Y 的价格按同样的比率下降了
   D. 商品 X 和 Y 的价格按同样的比率上升了

8. 下列因素不会影响消费者行为的是(   )。
   A. 银行提高存贷款利率　　　　　B. 我国外贸出口创新高
   C. 政府的税收行为　　　　　　　D. 消费观念的改变

9. 某消费者消费更多的某种商品时（　　）。
   A. 消费者获得的总效用递增　　　　B. 消费者获得的边际效用递增
   C. 消费者获得的总效用递减　　　　D. 消费者获得的边际效用递减

10. 若消费者张某只准备买两种商品 X 和 Y，X 的价格为 10，Y 的价格为 2。若张某买了 7 个单位 X 和 3 个单位 Y，所获得的边际效用值分别为 30 个单位和 20 个单位，则（　　）。
    A. 张某获得了最大效用
    B. 张某应当增加 X 的购买，减少 Y 的购买
    C. 张某应当增加 Y 的购买，减少 X 的购买
    D. 张某想要获得最大效用，需要借钱
    E. 无法确定张某该怎么办

11. 关于基数效用论，不正确的是（　　）。
    A. 基数效用论中效用可以用确定的数字表达出来
    B. 基数效用论中效用可以加总
    C. 基数效用论和序数效用论使用的分析工具完全相同
    D. 基数效用论认为消费一定量的某物的总效用可以由每增加一个单位的消费所增加的效用加总得出

12. "萝卜青菜，各有所爱"体现了效用的（　　）。
    A. 相对性　　　　　　　　　　　　B. 主观性
    C. 同一性　　　　　　　　　　　　D. 客观性

13. $I=P_X X+P_Y Y$ 是消费者的（　　）。
    A. 需求函数　　　　　　　　　　　B. 效用函数
    C. 预算约束方程　　　　　　　　　D. 不确定函数

14. 序数效用论对消费者偏好的假设包括（　　）。
    A. 边际效用递减　　　　　　　　　B. 货币边际效用不变
    C. 传递性　　　　　　　　　　　　D. 饱和性

15. 当消费者处于均衡时（　　）。
    A. 每单位货币购买不同商品所增加的满足程度相等
    B. 每种商品的总效用相等
    C. 每种商品的替代效应等于收入效应
    D. 所购买的商品的边际效用相等

16. 商品的边际替代率递减规律决定了无差异曲线（　　）。
    A. 凸向原点　　B. 凹向原点　　C. 垂直于横轴　　D. 平行于横轴

17. 某消费者逐渐增加某种商品的消费量直至达到了效用最大化，在这个过程中，该商品的（　　）。
    A. 总效用和边际效用均不断增加　　B. 总效用不断下降，边际效用不断增加
    C. 总效用不断增加，边际效用不断下降　　D. 总效用与边际效用均不断下降

18. 在山东荔枝的价格比苹果的价格贵 5 倍，而在广东荔枝的价格只是苹果的 1/2，那么两地的消费者都达到效用最大化时，（　　）。

A. 消费者的荔枝对苹果的边际替代率都相等
B. 荔枝对苹果的边际替代率,济南消费者要大于广东消费者
C. 苹果对荔枝的边际替代率,济南消费者要大于广东消费者
D. 无法确定

19. MRS_{XY}递减,意味着当X商品的消费量不断增加时,能代替的Y商品的数量( )。

A. 越来越多　　　　　　　　　B. 越来越少
C. 保持不变　　　　　　　　　D. 以上均不正确

20. 在同一条无差异曲线上,若增加1个单位X商品的购买,需要减少2个单位的Y商品的消费,则有( )。

A. $MRS_{XY}=1/2$　　　　　B. $MRS_{XY}=2$
C. $\dfrac{MU_X}{MU_Y}=2$　　　　　D. $\dfrac{MU_X}{MU_Y}=1/2$

21. 某个消费者的无差异曲线图包含无数条无差异曲线,因为( )。

A. 收入有时高,有时低　　　　B. 欲望是无限的
C. 消费者人数是无限的　　　　D. 商品的数量是无限的

22. 影响消费者行为的因素中,( )使得"甲之砒霜,乙之佳肴"成为可能。

A. 欲望　　　B. 偏好　　　C. 预算约束　　　D. 价格

23. 根据边际效用递减规律,数量的增加会引起消费者需求的降低,企业为了克服商品销售量的下降,最适合采取的措施是( )。

A. 多做广告　　B. 降低成本　　C. 产品不断创新　　D. 促销

24. 消费者均衡是研究消费者在既定收入条件下,如何实现( )。

A. 欲望最大化　B. 偏好最大化　C. 利润最大化　D. 效用最大化

25. 一个消费者愿意为第一杯啤酒支付11元,为第二杯支付7元,为第三杯支付4元,为第四杯支付2元,为第五杯支付1元。如果每杯啤酒的价格为2元,则此消费者消费这5杯啤酒得到的消费者剩余是( )元。

A. 25　　　B. 23　　　C. 16　　　D. 15

三、判断题

1. 在同一条无差异曲线上,不同的消费者得到的效用水平是无差异的。( )
2. 无差异曲线的斜率为固定常数时,表明两种商品是完全互补的。( )
3. 当消费某种物品的边际效用为负时,则总效用达极大值。( )
4. 当边际效用减少时,总效用也是减少的。( )
5. 基数效用论的分析方法包括边际效用分析方法和无差异曲线分析方法。( )
6. 当利率提高时,人们就会更多地消费而减少储蓄。( )
7. 个人需求曲线上的任何一点都代表着消费者的最大满足状态。( )
8. 商品价格变化引起的收入效应,表现为相应的消费者的均衡点沿原有的无差异曲线

运动。（　　）

9．在同一条无差异曲线上，任意两点对应的两种商品不同数量组合所能带来的边际效用相等。（　　）

10．替代效应和收入效应，这两种效应的作用使消费需求上升。（　　）

四、简答题

1．根据基数效用理论，边际效用与总效用的关系是怎样的？

2．请举例说明消费者剩余。

3．简述边际替代率递减规律。

4．序数效用论的三个基本假设是什么？

5．简述影响消费者行为的主要因素。

五、论述题

1. 在1960—1962年的三年困难时期,一些农民将收入几乎全部用来购买红薯,而当红薯的价格降低时,其消费量却减少了,在这种情况下红薯是正常物品、低档物品还是吉芬物品?为什么?

2. 假设某消费者只购买 X、Y 商品,使用文字和图形说明当他购买时如果 $\dfrac{MU_X}{P_X}$ 超过 $\dfrac{MU_Y}{P_Y}$,而总支出水平和 P_X、P_Y 既定不变,则他应该如何决策才能使总效用增加。

3. 消费者均衡点的变动主要受什么影响?如何影响?(使用图形加以说明)

专业运用能力训练

一、计算题

1. 已知某商品的个人需求曲线是 $P=-\dfrac{1}{6}Q+5$，若市场上有 100 个相同的消费者，求市场需求函数。

2. 已知 $P_X=20$ 元，$P_Y=10$ 元，X、Y 不同数量的边际效用如下所示：

Q_X	MU_X	Q_Y	MU_Y
1	16	1	10
2	14	2	8
3	12	3	7.5
4	5	4	7
5	2	5	6.5
6	1	6	6
		7	5.5
		8	5
		9	4.5
		10	4

若消费者的收入为 80 元，均衡时所购买的 X、Y 的数量是多少？

3. 小张购买第一件装饰品愿意支付 10 元,第二件愿意支付 9 元……第 10 件愿意支付 1 元,第 11 件就不愿付钱。

问:(1)假如每件装饰品须付 3 元,他将买多少件装饰品? 他的消费者剩余是多少?

(2)装饰品的价格每件涨到 5 元,情况又怎样呢?

(3)你能表述小张所获得的消费者剩余和商品价格之间的关系吗?

4. 若某消费者对 X、Y 的效用函数如下:$U(X)=20X-X^2$,$U(Y)=40Y-4Y^2$,且 $P_X=2$ 元,$P_Y=4$ 元,现有收入 24 元,全部花完并获得最大效用,应购买 X、Y 各多少?

5. 已知某消费者每年用于商品 X 和商品 Y 的收入为 540 元,两种商品的价格分别为 $P_X=20$ 元,$P_Y=30$ 元,该消费者效用函数 $U=3XY$,两种商品购买量各是多少? 最大效用是多少?

6. 若甲的效用函数为 $U=XY$,试问:

(1) $X=40,Y=5$ 时,他得到的效用是多少?过点(40,5)的无差异曲线是什么?

(2) 若甲给乙 25 单位 X 的话,乙愿给甲 15 单位 Y。进行这项交换,甲所得到的满足会比(40,5)的组合高吗?

(3) 乙用 15 单位 Y 向甲换取 X,为使甲的满足与(40,5)组合相同,他最多只能得到多少单位 X?

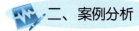

二、案例分析

案例 1　手机款式为什么变化这么快

在通信市场上,各商家为了在竞争中取胜,以获取市场的占有率,不断地增加手机的功能、款式和型号。很多赶时尚的人也经常变换手机。

从经济学的理论看,消费者连续消费某一款式的手机给消费者所带来的边际效用是递减的。如果企业连续只生产一种型号的手机,它带给消费者的边际效用就在递减,消费者愿意支付的价格就低了。因此,企业要不断创造出多样化的产品,即使是同类产品,只要不相同,就不会引起边际效用递减。

试分析:(1) 如何理解边际效用递减规律?

(2) 企业如何阻碍边际效用递减规律对消费者的影响?

案例 2　把每 1 分钱都用在刀刃上

假定 1 元钱的边际效用是 5 个效用单位,一件上衣的边际效用是 50 个效用单位,消费者愿意用 10 元钱购买这件上衣,因为这时的 1 元钱的边际效用与用在一件上衣上的 1 元钱的边际效用相等。此时消费者实现了消费者均衡,也可以说实现了消费(满足)的最大化。低于或高于 10 元钱,都没有实现消费者均衡。我们可以简单地说,在你收入既定、商品价格既定的情况下,花钱最少得到的满足程度最大就实现了消费者均衡。

通俗地说,假定你有稳定的职业收入,银行存款有 50 万元,但你非常节俭,吃、穿、住都处于温饱水平。实际上这 50 万元足以使你实现小康生活。要想实现消费者均衡,应该用这 50 万元的一部分去购房,用一部分去买一些档次高的服装,在银行也要有一些积蓄;相反,如果你没有积蓄,购物欲望非常强,见到新的服装款式,甚至借钱去买,买的服装很多,而效用降低,如果遇到一些家庭风险,便会使生活陷入困境。

还比如你在现有的收入和储蓄条件下是买房还是买车,你会做出合理的选择。你走进超市,见到琳琅满目的物品,你会选择你最需要的。你去买服装肯定不会买回你已有的服装。所以说经济学是选择的学问,而选择就是在你资源(货币)有限的情况下,实现消费满足的最大化,使每 1 分钱都用在刀刃上,这样就实现了消费者均衡。

(资料来源:刘华、李克国,《经济学案例教程》,大连理工大学出版社 2007 年版)

试分析:(1) 什么是消费者均衡?
(2) 为什么说货币的效用与物品的效用相同时消费者得到的效用最大?

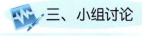

三、小组讨论

请同学们讨论,随着信息化、人工智能时代的到来,你如何看待消费者行为与信息化、人工智能的关系。

专业拓展能力训练

资料检索

请上网查阅21世纪以来消费者主要消费开支变动的趋势,撰写一篇1 500字左右的分析报告(要求图文并茂)。

项目 5

企业生产、成本与利润

学习引导

内容提要	企业的性质和种类;总产量、平均产量和边际产量的基本关系;生产要素报酬递减规律;边际技术替代率递减规律;企业的短期生产函数和长期生产函数;企业生产的经济区域;企业最优的要素投入组合;规模经济的含义、类型、意义及其制约因素;运用规模经济理论认识和分析我国目前企业生产规模的适度问题;多种成本的基本概念;不同成本的变动规律及它们之间的关系;成本的图形表达;多种收益的基本概念;不同收益的变动规律及它们之间的关系;收益的图形表达;会计利润和经济利润的区别;利润最大化原则。
学习重点	企业的生产情况;总产量、平均产量和边际产量的基本关系;等产量线;等成本线;企业最优要素投入的组合;不同成本之间的关系及图形表达;收益的变动规律。
学习难点	边际产量递减规律;边际技术替代率递减规律;规模收益变动与规模经济区间的内在关系;对机会成本的理解;会计利润和经济利润的区别。
学习拓展	生产的规模报酬;内在经济与外在经济;范围经济与规模经济。

知识认知能力训练

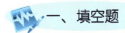

1. 所谓生产就是把各种_____组织起来转化为产品的过程。
2. 短期生产,是指时间短到厂商来不及调整_____来达到调整产量的目的,而只能在原有厂房、机器、设备条件下来调整产量。
3. 生产函数表示在一定时期内,在技术水平不变的情况下,生产中所用的各种生产要素的数量与所能生产的_____之间的关系。
4. _____是指厂商在生产经营中购买或租用所用生产要素的实际货币支出,包括支付给工人的工资,借入资本的利息,租用土地的地租,购买原材料、燃料、动力及运输等方面的支出;而_____是指厂商在生产经营中发生的,但不直接表现为现期货币支出的成本。

5. 在一定技术水平条件下，若其他生产要素不变，连续地增加某种生产要素的投入量，在达到某一点之后，总产量的增加会递减，即产出增加的比例小于投入增加的比例，这就是_____规律，亦称_____规律。

6. 厂商追求经济利润的最大化的条件是_____。

7. 等成本线是_____价格一定时，花费一定的总成本能购买的_____组合的轨迹。

8. 规模经济又称"规模利益"，指由_____的扩大而产生单个企业的生产效率的显著改进或生产成本的大幅节约，它是_____结果的货币表现。

9. 短期总成本是短期固定成本和短期变动成本之和，用公式表现为_____。短期边际成本是指短期内厂商增加一个单位产量所增加的总成本量，其公式表现为_____，图形则表现为_____型。

10. 规模收益递减，即规模扩大后，收益增加的幅度_____规模扩大的幅度，甚至收益绝对地减少，即规模扩大使得边际效益为_____。

二、单项选择题

1. 在市场经济的运行中，(　　)是最基本、最重要的市场竞争主体，是市场经济的微观基础。
   A. 消费者　　　　B. 投资者　　　　C. 企业　　　　D. 政府

2. 一般情况下，厂商的目标是(　　)，这也是微观经济学对企业目标的基本假定，也是理性经济人的假定在生产和厂商理论中的具体化。
   A. 追求收入的最大化　　　　B. 追求现金的最大化
   C. 追求价格的最大化　　　　D. 追求利润的最大化

3. 长期生产，是指时间长到可以使厂商调整(　　)来达到调整产量的目的。
   A. 生产数量　　B. 生产规模　　C. 生产价格　　D. 生产成本

4. 一个企业使用50单位的劳动，可以生产出1 800单位的产量；使用60单位的劳动，可以生产出2 100单位的产量，则生产额外一单位劳动的边际产量是(　　)。
   A. 3　　　　B. 30　　　　C. 300　　　　D. 36

5. 在一定时期内，在技术水平不变的情况下，生产中所用的各种生产要素的数量与所能生产的最大产量之间的关系称为(　　)。
   A. 生产函数　　　　　　　B. 生产可能性曲线
   C. 生产扩张线　　　　　　D. 等产量线

6. 当其他生产要素不变，而一种生产要素增加时(　　)。
   A. 总产量会一直增加　　　B. 总产量会一直减少
   C. 总产量先增后减　　　　D. 总产量先减后增

7. 当总产量达到最大时(　　)。
   A. 边际产量为正　　　　　B. 边际产量为0
   C. 边际产量为负　　　　　D. 边际产量与平均产量相等

8. 当边际产量大于平均产量时,平均产量( )。
   A. 递减　　　　　B. 不变　　　　　C. 递增　　　　　D. 先增后减
9. 下列说法错误的是( )。
   A. 只要总产量减少,边际产量一定是负数
   B. 只要边际产量减少,总产量也一定减少
   C. 边际产量曲线一定在平均产量曲线的最高点与之相交
   D. 只要平均产量增加,边际产量就大于平均产量
10. 生产要素报酬递减规律,亦称边际收益递减规律,是指在一定技术水平条件下,若其他生产要素不变,连续地增加某种生产要素的投入量,在达到某一点之后,总产量的增加会递减,即产出增加的比例( )投入增加的比例。
    A. 大于　　　　　B. 等于　　　　　C. 大于等于　　　D. 小于
11. 规模经济是在一定科技水平下,生产能力的扩大使长期平均成本下降的趋势,即长期费用曲线呈( )趋势。
    A. 上升　　　　　B. 下降　　　　　C. 水平　　　　　D. 不变
12. 生产要素(投入)和产出水平的关系称为( )。
    A. 生产函数　　　　　　　　　B. 生产可能性曲线
    C. 总成本曲线　　　　　　　　D. 平均成本曲线
13. 根据生产的三阶段论,生产应处于的阶段是( )。
    A. 边际产出递增、总产出递增阶段　　B. 边际产出递增、平均产出递减阶段
    C. 边际产出为正、平均产出递减阶段　　D. 以上都不对
14. 下列说法正确的是( )。
    A. 生产要素的边际技术替代率递减是规模报酬递减规律造成的
    B. 生产要素的边际技术替代率递减是边际报酬递减规律造成的
    C. 规模报酬递减是边际报酬规律造成的
    D. 边际报酬递减是规模报酬递减造成的
15. 等成本曲线向外平行移动说明( )。
    A. 成本增加了　　　　　　　　B. 生产要素的价格上升了
    C. 产量提高了　　　　　　　　D. 以上都不对
16. 下列说法正确的是( )。
    A. 会计利润是厂商的销售收入与机会成本之间的差额
    B. 会计利润与经济利润相同
    C. 经济利润是厂商的销售收入与会计成本之间的差额
    D. 以上的说法均不正确
17. 下列说法正确的是( )。
    A. MC 大于 AC 时,AC 下降　　　B. MC 小于 AC 时,AC 上升
    C. MC 等于 AC 时,AC 下降　　　D. MC 等于 AC 时,AC 达到其最低点
18. 下列说法正确的是( )。
    A. 短期可变成本曲线随产量的增加而不断下降
    B. 短期不变成本曲线随产量的增加而不断下降

C. 短期可变成本曲线是一条平行于产量轴的直线

D. 短期总成本曲线随产量的增加而不断上升

19. 已知产量为 9 单位时,总成本为 95 元,产量增加到 10 单位时,平均成本为 10 元,由此可知边际成本为( )。

   A. 5 元　　　　B. 3 元　　　　C. 10 元　　　　D. 15 元

20. 短期边际成本曲线与短期平均成本曲线的相交点是( )。

   A. 边际成本等于平均成本　　　　B. 边际成本大于平均成本
   C. 边际成本小于平均成本　　　　D. 不确定

21. 某先生辞去月薪 1 000 元的工作,取出自有存款 100 000 元(月息 1%),创办一家独资企业,如果不考虑商业风险,则该先生自办企业按月计算的机会成本是( )。

   A. 2 000 元　　B. 100 000 元　　C. 1 000 元　　D. 101 000 元

22. 当总收益等于总成本时,厂商( )。

   A. 获得超额利润　　　　B. 获得正常利润
   C. 亏损　　　　　　　　D. 不盈不亏

23. 厂商获取最大利润的条件是( )。

   A. 边际收益大于边际成本的差额达到最大值
   B. 边际收益等于边际成本
   C. 价格大于平均成本的差额达到最大值
   D. 价格大于平均可变成本的差额达到最大值

24. 假定某企业全部成本函数为 $TC = 30\,000 + 5Q - Q$,Q 为产出数量,那么平均固定成本(AFC)为( )。

   A. 30 000　　B. $5Q - Q$　　C. $5 - Q$　　D. $30\,000/Q$

25. 在短期中随着产量的增加,平均固定成本( )。

   A. 在开始时下降,然后趋于上升　　　　B. 一直趋于下降
   C. 在开始时上升,然后趋于下降　　　　D. 一直趋于上升

26. 某企业的短期成本函数表现为 $TC = 200 + 24Q - 8Q^2$,则该企业的可变成本为( )。

   A. 200　　B. $8Q^2$　　C. $24Q - 8Q^2$　　D. $24 - 16Q$

27. 在规模报酬不变阶段,若劳动的使用量增加 5%,而资本的使用量不变,则( )。

   A. 产出减少　　　　B. 产出增加
   C. 产出的增加大于 5%　　D. 产出的增加少于 5%

28. 当边际生产力下降时,厂商应该( )。

   A. 提高生产过程的效率　　　　B. 降低可变投入与固定投入的比例
   C. 惩罚懒惰行为　　　　　　　D. 使用优质生产要素

29. 下列关于正常利润的说法不正确的是( )。

   A. 正常利润是厂商对自己所提供的企业家才能所支付的报酬
   B. 正常利润是隐性成本的一个组成部分
   C. 正常利润是显性成本的一个组成部分
   D. 经济利润中不包含正常利润

30. 假定某企业全部成本函数为 $TC=30\,000+5Q-Q^2$，Q 为产出数量，那么总固定成本（TFC）为（　　）。

　　A. 30 000　　　　B. $5Q-Q^2$　　　C. $5Q$　　　　D. $30\,000/Q$

31. 下列关于成本的计算公式错误的是（　　）。

　　A. $MC=TC/Q$　　B. $AVC=TVC/Q$　　C. $AFC=TFC/Q$　　D. $ATC=TC/Q$

32. 企业购买或租用的生产要素所实际支付的货币支出属于（　　）。

　　A. 显性成本　　　B. 隐性成本　　　C. 正常利润　　　D. 可变成本

33. 已知某产品生产的成本函数：$MC=3Q^2-8Q+100$，$TFC=70$，$TC=Q^3-4Q^2+100Q+70$。则当 $Q=2$ 时，以下说法正确的是（　　）。

　　A. 总产量达到最大值　　　　　　B. 边际产量达到最大值
　　C. 平均产量达到最大值　　　　　D. 边际成本达到最小值

34. 当边际生产力下降时，厂商应该（　　）。

　　A. 提高生产过程的效率　　　　　B. 降低可变投入与固定投入的比例
　　C. 惩罚懒惰行为　　　　　　　　D. 使用优质生产要素

35. 经济学上所讲的利润是指（　　）。

　　A. 平均利润　　　B. 长期利润　　　C. 短期利润　　　D. 超额利润

三、多项选择题

1. 根据市场经济的要求，现代企业的组织形式按照财产的组织形式和所承担的法律责任划分。国际上通常分类为（　　）。

　　A. 独资企业　　　B. 合伙企业　　　C. 家族企业　　　D. 部属企业
　　E. 公司企业

2. 生产函数就是用来表示（　　）之间的关系的概念。

　　A. 投入和产出　　　　　　　　　B. 生产和成本
　　C. 收入和支出　　　　　　　　　D. 生产要素和产量
　　E. 生产规模和生产效益

3. 生产要素报酬递减规律要发生作用必须具备以下（　　）前提条件。

　　A. 生产成本可以可靠计量
　　B. 生产要素投入量的比例是可变的，即技术系数是可变的
　　C. 技术水平保持不变
　　D. 所增加的生产要素具有同样的效率
　　E. 生产效益可以估计

4. 制约规模经济的因素主要有（　　）。

　　A. 文化教育情况，如文化程度的高低、教育状况的优劣等
　　B. 自然条件，如石油储量决定油田规模
　　C. 物质技术装备，如化工设备和装置能力影响化工企业的规模
　　D. 社会经济条件，如资金、市场、劳力、运输、专业化协作影响企业的规模

E. 社会政治历史条件等

5. 下列关于总产量（TP）、边际产量（MP）、平均产量（AP）的说法，正确的有（　　）。
   A. 当 $MP=0$ 时，TP 最大
   B. MP 曲线与 AP 曲线相交之前，$MP>AP$，AP 上升
   C. MP 曲线与 AP 曲线相交之后，$MP>AP$，AP 上升
   D. AP 曲线和 MP 曲线相交时，TP 最大
   E. MP 曲线与 AP 曲线交于 AP 曲线的最高点

6. 根据对生产规模和产量的变化比例的比较，可以将规模报酬分为（　　）。
   A. 规模报酬递减　　　　　　　　B. 规模报酬递增
   C. 规模报酬不变　　　　　　　　D. 规模报酬先减后增
   E. 规模报酬先增后减

7. 等产量线的特征有（　　）。
   A. 通常向右下方倾斜
   B. 经济区内的等产量线斜率为负值
   C. 同一等产量曲线图上的两条等产量线不能相交
   D. 离原点远的等产量线代表的产量水平高
   E. 等产量线通常凸向原点，在经济区内边际技术替代率递减

8. 下列关于成本和利润的表述正确的有（　　）。
   A. 企业所有的显性成本和隐性成本共同构成企业的总成本
   B. 企业的经济利润是指企业的总收益和总成本之间的差额
   C. 企业所追求的最大利润，指的是最大的正常利润
   D. 经济利润也称为超额利润
   E. 经济利润中包括正常利润

9. 下列各项属于企业可变成本的有（　　）。
   A. 贷款利息费用　　　　　　　　B. 生产工人工资
   C. 厂房和设备折旧　　　　　　　D. 燃料和动力费用
   E. 管理人员工资

10. 下列关于成本曲线的表述正确的有（　　）。
    A. 总固定成本曲线是一条向右下方倾斜的曲线
    B. 平均固定成本曲线是一条向右下方倾斜的曲线
    C. 平均可变成本曲线是一条向右下方倾斜的曲线
    D. 平均可变成本曲线是一条 U 型曲线
    E. 平均总成本曲线是一条向右下方倾斜的曲线

11. 在短期内，随着产量的增加，AFC 会越变越小，于是 AC 与 AVC 曲线之间的垂直距离会越来越小，（　　）。
    A. 最终相交　　B. 仅可无限接近　　C. 永远不会相交　　D. 重合
    E. 没有规律

12. 正常利润是（　　）。
    A. 经济利润的一部分　　　　　　B. 经济成本的一部分

C. 隐性成本的一部分 D. 以上都是

13. 在短期成本函数中,下列说法正确的有(　　)。
    A. 平均固定成本递减,平均成本也递减
    B. 边际成本递减,平均可变成本也递减
    C. 平均可变成本递减,平均成本也递减
    D. 平均成本递增,边际成本也递增
    E. 边际成本递增,平均成本也递增

14. 在长期成本函数中,下列说法正确的有(　　)。
    A. 产量为零时,总成本为零
    B. 平均总成本是先下降后上升的U形曲线
    C. 边际成本是先下降后上升的U形曲线
    D. 固定成本是一条与产量轴平行的直线
    E. 平均固定成本是一条向右下方倾斜的曲线

15. 总成本可以分为(　　)。
    A. 固定成本　　B. 可变成本　　C. 平均固定成本　　D. 平均可变成本
    E. 边际成本

16. 下列关于短期总成本曲线的说法,错误的有(　　)。
    A. 总成本曲线从原点开始,随产量的增加而逐步上升
    B. 总成本曲线从纵轴一个截点即产量为零时总成本等于固定成本的那个点开始,随产量的增加而逐步上升
    C. 总成本曲线不随产量的变动而变动
    D. 总成本曲线从纵轴一个截点即产量为零时总成本等于可变成本的那个点开始,随产量的增加而逐步下降
    E. 所有的短期成本都与长期平均成本曲线相切

17. 固定成本是指厂商(　　)。
    A. 在短期内必须支付的生产要素的费用
    B. 在短期内不能调整的生产要素的支出
    C. 厂房及设备折旧等不变生产要素引起的费用
    D. 长期固定不变的成本
    E. 在短期内不随产量变动的那部分生产要素的支出

18. 随着产量的增加,厂商的平均固定成本(　　)。
    A. 大于0　　B. 等于0　　C. 先减后增　　D. 递减
    E. 趋向于零

19. 下列几种曲线,属于U形曲线的有(　　)。
    A. 平均成本　　　　　　　　B. 平均固定成本
    C. 平均变动成本　　　　　　D. 总成本
    E. 边际成本

20. 下面(　　)情况发生时,企业的利润最大。
    A. $MR=MC$　　　　　　　　B. TR与TC的差额最大

C. MR>MC　　　　　　　　　D. TR=MR
E. TR>MR

21. 总收益大于总成本的部分叫(　　)。
    A. 经济利润　　B. 贡献利润　　C. 超额利润　　D. 利润
    E. 正常利润

22. 边际成本(　　)。
    A. 是TC曲线的斜率　　　　　　B. 是TVC曲线的斜率
    C. 是AC曲线的斜率　　　　　　D. 与固定投入无关

23. 关于长期平均成本和短期平均成本的关系,以下表述正确的有(　　)。
    A. 长期平均成本线上的每一点都与短期平均成本线上的某一点相对应
    B. 短期平均成本线上的每一点都在长期平均成本线上
    C. 长期平均成本线上的每一点都对应着某一条短期平均成本线的最低点
    D. 每一条短期平均成本线的最低点都在长期平均成本曲线上

四、判断题

1. 厂商追求利润最大化,这里的利润指的是经济利润,即总收益超过总成本的余额。(　　)

2. 马歇尔外部经济也称垄断竞争,是规模经济的另一种表现形式。(　　)

3. 随着科技的发展和知识产权制度的建立,劳动力、土地也作为相对独立的要素投入生产。(　　)

4. 生产函数表示在一定时期内,在技术水平不变的情况下,生产中所用的各种生产要素的成本与所能生产的最大产量之间的关系。(　　)

5. 边际产量(MP)是增加1单位生产要素投入量所带来的产出量的变化。(　　)

6. 连接总产量曲线上任何一点与坐标原点的线段的斜率,就是相应的平均产量值。(　　)

7. 边际产量曲线与平均产量曲线相交于平均产量曲线的最低点。(　　)

8. 在生产函数中,只要有一种投入不变,便是短期生产函数。(　　)

9. 等产量曲线表示其他条件不变时,为生产一定的产量所须投入的两种生产要素之间的各种可能组合的轨迹。(　　)

10. 由于等产量曲线的几何特点与无差异曲线不同,它又被称为生产无差异曲线。(　　)

11. 机会成本是指由于使用某些资源所放弃该资源其他用途的最高代价。(　　)

12. 等成本线是生产要素成本一定时,花费一定的总成本能购买的生产要素组合的轨迹。(　　)

13. 平均固定成本的图形和平均可变成本一样,表现为先下降后上升的U形曲线。(　　)

14. 规模经济是在一定科技水平下,生产能力的扩大使长期平均成本下降的趋势,即长

期费用曲线呈下降趋势。（　　）

15. 要素投入规模逐步增大后，继续加大投入会产生相同的结果，即报酬的增加幅度小于要素投入规模增加的幅度，规模收益递减。（　　）

16. 生产要素的边际技术替代率递减是规模报酬递减造成的。（　　）

17. 在任何一种产品的短期生产中，随着一种可变要素投入量的增加，边际产量最终会呈现递减的特征。（　　）

18. 假定生产某种产品要用两种要素，如果这两种要素的价格相等，则该厂商最好用同等数量的这两种要素投入。（　　）

19. 规模经济概念中的规模是指生产设备即生产能力不变情况下的生产批量变化。（　　）

20. 利用两条等产量线的交点所表示的生产要素组合，可以生产出数量不同的产品。（　　）

五、简答题

1. 总产量、平均产量和边际产量之间的关系有何特点？请画图说明。

2. 简述等产量线的含义和性质。

3. 什么是规模经济？研究规模经济的意义是什么？

4. 生产要素报酬递减规律必须具备什么条件？

5. 请画图说明总成本、平均成本和边际成本的关系。

6. 简述各种短期成本曲线的形状和特点。

7. 厂商利润最大化的条件是什么?为什么?

专业运用能力训练

一、计算题

1. 某公司的生产经营状况为：(1) 每年总收益＝500 000 美元；(2) 支付工资＝400 000 美元；(3) 购买原材料＝50 000 美元；(4) 支付利息＝10 000 美元；(5) 其他支出＝10 000 美元；(6) 厂商放弃作为其他公司管理者可得薪金 50 000 美元；(7) 厂商放弃将自己的厂房出租的租金为 10 000 美元；(8) 厂商放弃将自有资金存入银行的利息所得为 5 000 美元。

求：该公司的会计利润和经济利润。

2. 假定某厂商将生产每件售价为 20 美元的产品，生产该产品的固定成本为 4 000 美元，该产品每件可变成本为 12 美元，试计算该产品要生产多少件才能正好无盈亏。

3. 已知某厂商的需求函数为：$Q=6\,750-50P$，总成本函数为：$TC=12\,000+0.025Q^2$。

求：(1) 利润最大化时的产量和价格。

(2) 最大利润。

4. 假定某企业的短期成本函数是 $TC=Q^3-10Q^2+17Q+66$。

(1) 指出该成本函数中的可变成本部分和固定成本部分。

(2) 写出下列函数：TVC、AC、AVC、AFC、MC。

5. 已知某企业的短期总成本函数是 $STC=0.04Q^3-0.8Q^2+10Q+5$，求最小的平均可变成本。

6. 一个企业每周生产 100 单位产品，成本状况如下：机器 200 元，原料 500 元，抵押租金 400 元，保险费 50 元，工资 750 元，废料处理费 100 元，求企业总固定成本和平均可变成本。

7. 假设某厂商的边际成本函数 $MC=3Q^2-30Q+100$，且生产 10 单位产量时的总成本为 1 000。

求：(1) 固定成本的值。

(2) 总成本函数、总可变成本函数，平均成本函数、平均可变成本函数。

二、案例分析

案例 1　马尔萨斯的预言

经济学家马尔萨斯(1766—1834)人口论的一个主要依据便是报酬递减定律。他认为，随着人口的膨胀，越来越多的劳动力耕种土地，地球上有限的土地将无法提供足够的食物，最终劳动的边际产出与平均产出下降，但又有更多的人需要食物，因而会产生大的饥荒。幸运的是，人类的历史并没有按马尔萨斯的预言发展(尽管他正确地指出了"劳动边际报酬递减")。

在 20 世纪，技术发展突飞猛进，改变了许多国家(包括发展中国家，如印度)食物的生产方式，劳动的平均产出因而上升。这些进步包括高产抗病的良种、更高效的化肥、更先进的收割机械。在第二次世界大战结束后，世界上总的食物生产的增幅总是或多或少地高于同期人口的增长。

粮食产量增长的源泉之一是农用土地的增加。例如，从 1961 年到 1975 年，非洲农业用地所占的百分比从 32% 上升至 33.3%，拉丁美洲则从 19.6% 上升至 22.4%，在远东地区，该比值则从 21.9% 上升至 22.6%。但同时，北美的农业用地则从 26.1% 下降至 25.5%，西欧由 46.3% 下降至 43.7%。显然，粮食产量的增加更大程度上是由于技术的改进，而不是农业用地的增加。

在一些地区，如非洲的撒哈拉，饥荒仍是个严重的问题。劳动生产率低下是原因之一。虽然其他一些国家存在着农业剩余，但由于食物从生产率高的地区向生产率低的地区再分配的困难和生产率低的地区收入也低的缘故，饥荒仍威胁着部分人群。

(资料来源：平狄克、鲁宾费尔德，《微观经济学》，经济科学出版社 2002 年版)

试分析：(1) 人类历史为什么没有按照马尔萨斯的预言发展？

(2) 既然马尔萨斯的预言失败，你认为边际收益递减规律还起作用吗？

(3) 请你谈谈"中国人口太多，将来需要世界来养活中国"或"谁来养活中国"的观点。

案例 2　埃森哲：最大≠最好?!

"在中国,最大并不一定总是意味着最好。"

大多数中国企业高管们都认为,他们的企业必须做到最大,才能做到最好。随着一个又一个行业开始整合,许多人以为,只有那些规模不断扩张的企业才能大获全胜。

然而,埃森哲目前从事的一项研究发现,即使在中国,规模给企业带来的竞争优势也是有限的。不顾一切,特别是不顾企业面对新的挑战时须保持灵活应变能力这一客观要求,一味地追求规模的增长将是十分危险的。对于规模,企业需要审慎地对待,既要对企业的能力和运营环境有清醒的认识,也要对其他一些关键的影响绩效的因素予以充分的考虑。

在将其独具特色、正在专利申请中的绩效评估方法应用于中国市场之后,埃森哲目前已成功找到了超过 26 家卓越绩效的中国企业——我们对卓越绩效企业的定义是在股东总回报、收入和利润的增长等诸方面均持续超过业内同行的企业。通过对这些企业进行分析,我们发现,它们的规模和业绩表现之间的相关性低于预期。

虽然我们已遴选出的卓越绩效企业在它们所处的特定行业中有一定的规模优势,但在营收上居行业绝对领导地位的只有少数几例。事实上,在所考察的 13 个行业中,规模最大,同时业绩又属业内最佳的企业,仅出现在 5 个行业中。不仅如此,在这 5 个行业中,有两家为国有企业,它们因所在行业缺乏竞争而受益,或者在由政府推动的整合中获得了绝对的行业主导地位。

既然如此,为什么企业界依然在义无反顾地追求规模呢? 在正常情况下,规模自然可以带来一些众所周知的竞争优势:生产效率的提高和更强的购买力,特别是在像中国这样的一个高度分割和发散的市场,更大的规模还意味着更强的品牌效应和更大的市场份额。由于外资企业通常规模庞大,本地企业的高管感到唯有壮大自身的规模,才能应对愈演愈烈的外来竞争,"不是吃掉别人就是被别人吃掉",他们往往会这样想。

然而,值得关注的是,恰恰是在那些已经对外开放的行业中,大型企业的绩效受到的伤害最大。在诸如家电、酒类饮料和食品等行业中,那些在取得持久的盈利增长方面表现最好的企业,均为规模较小但反应机敏的企业。尽管所在行业的结构、成功要素和商业模式都在不断发生变化,但这些企业总能凭借其特有的灵活应变能力,成功地应对新的竞争格局。

相反,那些行业的龙头老大们常常为它们巨大的规模所累,经济学家们称此类现象为规模的"不经济"——市场环境瞬息万变,新的技术、竞争对手层出不穷,客户的需求也在不断改变,但是大型企业因为一系列复杂的原因,无法迅速做出反应,它们的经营很可能会因此大受影响。

既然规模至上的策略无法保证企业成就持久的高绩效,那么能否找到一种更好的办法,使得企业对规模在保持长期竞争力方面的作用保持警觉的同时,还能利用它来改善自身的绩效呢?

答案是肯定的。高绩效企业并没有忽视取得一定的恰当规模和市场地位的必要性。但是,和那些单纯追求规模的企业不同,这些企业之所以能成就卓越的绩效,原因在于它们能结合自身的特点和能力,着力平衡三大因素对绩效的影响。除了重视市场地位和规模——对合理或适度规模的界定须在深刻理解现在和未来的价值杠杆的前提下进行——绩效最为卓越的企业还能根据目标客户的需求努力掌握一些独特的技能,并注重对高绩效进行剖析,找出那些不管企业采用何种战略,均能使它们在执行力上超越竞争对手的深层次的文化特点和观念。

(资料来源:《第一财经日报》,2007年7月10日)

【注】埃森哲公司是全球最大的管理咨询公司和技术服务供应商,它原是全球安达信(Arthur Andersen)会计事务所的管理咨询部门,2000年与安达信从经济上彻底分开,2001年公司更名为埃森哲(Accenture)。

试分析:请根据上述资料举例说明不同企业保持适度规模应该注意什么问题。

案例3 会议的机会成本

我们中国很多人喜欢开会,大事小事、有事没事总要找个理由把大家召集在一起开会。但我们经常见到的是台上讲者唾沫横飞,台下听者昏昏欲睡。问题并不因为开会而得到解决,工作也不会因为缺席一两次会议或漏听一两个指示而受阻。

其实,喜欢开会不是中国人的"专利",根据一家研究机构对美国 1 000 家最大企业的 200 名老总所做的调查,竟然每周有 72 分钟用于不必要的会议。可见,开会不仅在中国是常见的,在西方也司空见惯。

不可否认,每个会议都具有一定目的,通常我们只能在会后对会议的必要性下结论。要命的是,企业在安排会议的时候,常常因为不必为参加会议的人额外付钱,便相信会议的成本为零。他们忘了,如果不开会,这些薪水很高的老总们会去做别的有用的事情。

试分析:从经济学的角度来看,为什么不必要的会议难以控制?

(资料来源:《经理人》,1999 年第 8 期)

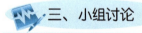

三、小组讨论

1. 一个企业主在考虑再雇佣一名工人时,在生产的平均产量和边际产量中他更关心哪一个?为什么?

2. "一个和尚挑水吃,两个和尚抬水吃,三个和尚没水吃……"

这个家喻户晓的古老故事在很多年以前就被拍成了电影,如今更以歌曲等多种形式令人耳熟能详。人们对三个和尚的故事感兴趣不只是因为其情节的趣味横生,更在于其蕴涵哲理的深远。

请从经济学的角度进行分析讨论:关于三个和尚的故事印证了一个什么规律?

专业拓展能力训练

 社会调查

（请任选其中之一）

1. 请调查本地支柱行业的生产规模，并就影响该行业的经济规模的因素进行分析，确定该行业的适度经济规模（不少于 1 500 字）。

2. 走访一家企业，对企业的成本与收益情况进行分析，根据相关数据画出成本和收益曲线，并撰写不少于 1 500 字的分析报告。

项目 6

市场结构

学习引导

内容提要	市场结构的意义;市场结构的划分标准;完全竞争市场的形成条件;完全竞争市场上生产者的行为;完全竞争市场的短期均衡及其条件;完全垄断市场、垄断竞争市场和寡头垄断市场的形成条件;完全垄断市场、垄断竞争市场和寡头垄断市场上的生产者行为;完全垄断市场、垄断竞争市场的短期与长期均衡及其条件。
学习重点	完全竞争市场上生产者的行为;完全竞争市场的短期均衡及其条件。
学习难点	完全竞争市场的短期均衡;对不同市场均衡条件的认识和理解。
学习拓展	价格歧视;生产者剩余;运用本项目知识解释不同行业的市场结构。

知识认知能力训练

 一、名词解释

1. 市场结构就是指某种产品或服务的_____。

2. 完全竞争市场具有_____、_____和_____的特征。

3. 根据市场的竞争程度或垄断程度,可将市场划分为_____、垄断竞争市场、_____和_____四种市场类型。

4. 完全竞争又叫纯粹竞争,是一种_____和干扰的市场结构。

5. 完全竞争市场,整个行业的需求曲线是一条向_____方倾斜的曲线,供给曲线是一条向_____方倾斜的曲线。个别企业的需求曲线是一条平行于_____的水平线。

6. 为了追求利润最大化,完全竞争厂商总是根据_____原则(P>AVC)决定其均衡产量。

7. 完全垄断是指整个行业只有唯一供给者的市场结构。完全垄断是一种特殊的情况,形成完全垄断的条件主要包括:_____、_____、_____和_____。

8. 在完全垄断市场上，企业的平均收益仍然等于单位产品的_____。

9. 价格歧视也叫差别定价，指由于垄断者具有某种垄断力量，因此可以对自己所出售的同类产品_____，以使自己所获利润达到最大值。价格歧视一般可分为_____级。

10. 垄断竞争市场具有_____、_____、_____和_____等特征。

二、单项选择题

1. 根据完全竞争市场的条件，以下最接近完全竞争行业的是（　　）。
   A. 家电行业　　　B. 汽车行业　　　C. 蔬菜行业　　　D. 玉米行业
2. 完全竞争厂商达到短期均衡时（　　）。
   A. $P>SAC$
   B. $P=SAC$
   C. $P<SAC$
   D. 以上都有可能
3. 作为市场价格接受者的厂商是（　　）。
   A. 完全竞争厂商
   B. 完全垄断厂商
   C. 垄断竞争厂商
   D. 寡头垄断厂商
4. 厂商获得最大利润的条件是（　　）。
   A. $MR>MC$ 的差额为最大
   B. $MR=MC$
   C. $P>AC$ 的差额为最大
   D. $TR>TC$ 的差额为最大
5. 厂商的收支相抵点是指（　　）。
   A. SMC 与 SAC 相交之点
   B. SMC 与 AVC 相交之点
   C. SMC 与 AFC 相交之点
   D. SAC 与 AVC 相交之点
6. 完全垄断企业的平均收益曲线比边际收益曲线（　　）。
   A. 陡峭　　　B. 平缓　　　C. 一致　　　D. 无关
7. 某完全竞争行业的价格和供给量在长期内呈同方向变动，则该行业的长期供给曲线（　　）。
   A. 呈水平状态
   B. 向右下方倾斜
   C. 向右上方倾斜
   D. 呈垂直线
8. 完全竞争厂商的短期供给曲线应该是（　　）。
   A. SMC 曲线上超过停止营业点的部分
   B. SMC 曲线上超过收支相抵点的部分
   C. SMC 曲线上的停止营业点和超过停止营业点以上的部分
   D. SMC 曲线上的收支相抵点和超过收支相抵点以上的部分
9. 完全竞争行业内某一厂商在目前的产量水平上 $MC=AC=AR=2$ 元，则该厂商（　　）。
   A. 肯定没有获得最大利润
   B. 肯定只获取正常利润
   C. 肯定获得了最少利润
   D. 获取利润的情况不能确定

10. 有完全竞争市场中出现低效率的资源配置是因为产品价格（　　）边际成本。
   A. 小于　　　　B. 大于　　　　C. 等于　　　　D. 可能不等于

11. 在完全竞争厂商的短期均衡产量上，AR 小于 SAC 但大于 AVC，则厂商（　　）。
   A. 亏损，应立即停产　　　　　　B. 亏损，但应继续生产
   C. 亏损，生产或不生产都可以　　D. 获得正常利润，应继续生产

12. 关于完全垄断企业的需求曲线和收益曲线，下列说法错误的是（　　）。
   A. 企业的需求曲线就是行业的需求曲线
   B. 边际收益曲线位于平均收益曲线的下方
   C. 平均收益曲线与需求曲线是重合的
   D. 平均收益曲线比边际收益曲线陡峭

13. 完全垄断企业进行产量和价格决策的基本原则是（　　）。
   A. 边际成本大于边际收益　　　　B. 边际成本小于边际收益
   C. 边际成本等于边际收益　　　　D. 边际成本不等于边际收益

14. 厂商之间关系最密切的市场是（　　）。
   A. 完全竞争市场　　　　B. 寡头垄断市场
   C. 垄断竞争市场　　　　D. 完全垄断市场

15. 对垄断厂商来说，下列说法错误的是（　　）。
   A. 面临的需求曲线向右下方倾斜
   B. 在利润最大化产量上，价格等于边际收益
   C. 边际收益与平均收益不相等
   D. 利润最大化产量上，价格高于边际成本

16. 竞争不受任何阻碍和干扰的市场结构是（　　）。
   A. 完全竞争市场　　　　B. 垄断竞争市场
   C. 寡头垄断市场　　　　D. 完全垄断市场

17. 整个行业中只有唯一供给者的市场结构称为（　　）。
   A. 完全竞争市场　　　　B. 垄断竞争市场
   C. 寡头垄断市场　　　　D. 完全垄断市场

18. 为了提高资源配置效率，政府对竞争性行业厂商的垄断行为（　　）。
   A. 是限制的　　　　　　B. 是提倡的
   C. 是不管的　　　　　　D. 是有条件地加以支持的

19. 下列选项不属于垄断竞争市场特征的是（　　）。
   A. 同行业中只有少数的生产者
   B. 生产者对价格有一定程度的控制
   C. 企业进入或退出市场比较容易
   D. 同行业各个企业生产的产品存在一定差别

20. 关于完全竞争市场行业的供求曲线和个别企业的需求曲线，下列表述错误的是（　　）。
   A. 整个行业的需求曲线是一条向右下方倾斜的曲线
   B. 整个行业的供给曲线是一条向右上方倾斜的曲线

C. 整个行业的需求曲线和某个企业的需求曲线是相同的

D. 个别企业的需求曲线是一条平行于横轴的水平线

三、多项选择题

1. 经济学中所谓的收益是指（　　）。
   A. 成本　　　　　　　　　　　　B. 利润
   C. 成本加利润　　　　　　　　　D. 厂商销售收入

2. 垄断竞争厂商的平均收益曲线是一条（　　）。
   A. 平行于横轴的直线　　　　　　B. 向右下方倾斜的线
   C. 垂直于横轴的线　　　　　　　D. 与需求曲线重合的线

3. 完全垄断厂商长期均衡产量上可以有（　　）。
   A. $P>LAC$　　B. $P=LAC$　　C. $AR>LAC$　　D. $AR=LAC$

4. 垄断竞争市场形成的条件有（　　）。
   A. 产品有差别　　　　　　　　　B. 厂商数目相当多
   C. 厂商生产规模比较小　　　　　D. 企业利用国家的特权

5. 垄断竞争厂商达到长期均衡时（　　）。
   A. 超额利润＝0　　　　　　　　 B. $P>LMC$
   C. d 曲线与 D 曲线相交　　　　D. $P>LAC$

6. 经济学中产品的差别是指（　　）。
   A. 熊猫电视机与康佳电视机的区别　　B. 电视机与收音机之间的差别
   C. 同种产品之间的差别　　　　　　　D. 不同种产品之间的差别

7. 垄断竞争厂商获得最大利润的方法有（　　）。
   A. 质量竞争　　　　　　　　　　B. 调整价格从而确定产量
   C. 广告竞争　　　　　　　　　　D. 上述方法都可以

8. 下列选项属于产品差别的有（　　）。
   A. 同一种产品在质量、构造、外观等方面的差别
   B. 不同种产品在质量、构造、外观等方面的差别
   C. 同一种产品在商标等方面的差别
   D. 不同种产品在商标等方面的差别

9. 完全竞争市场具有的特征有（　　）。
   A. 每个生产者和消费者都只能是市场价格的接受者，而非决定者
   B. 生产者是市场价格的决定者，而非接受者
   C. 买卖双方对市场信息都有充分的了解
   D. 企业生产的产品是同质的，即不存在产品差别
   E. 资源可以自由流动，企业可以自由进入或退出市场

10. 形成完全垄断的条件有（　　）。
    A. 政府垄断
    B. 自然垄断

C. 社会垄断

D. 对某些产品拥有专利权而形成的完全垄断

E. 对某些特殊的原材料的单独控制而形成的对这些资源和产品的完全垄断

11. 下列关于完全垄断市场的表述,正确有(　　)。

A. 完全垄断企业的需求曲线就是行业的需求曲线

B. 企业生产的产品没有十分相近的替代品

C. 企业是价格的接受者

D. 需求曲线是一条水平线

E. 需求曲线向右下方倾斜

12. 寡头垄断市场的主要特征包括(　　)。

A. 在一个行业中,只有很少几个企业进行生产

B. 行业内的企业所生产的产品有一定的差别或者完全无差别

C. 行业内的企业对价格有较大程度的控制

D. 其他企业可以自由进入或退出市场

E. 其他企业进入这一行业比较困难

13. 在完全竞争市场上,企业的下列曲线在同一条线上的有(　　)。

A. 平均收益曲线　　　　　　　　B. 边际收益曲线

C. 无差异曲线　　　　　　　　　D. 需求曲线

E. 总成本曲线

14. 边际成本等于边际收益可称作(　　)。

A. 盈利的均衡条件　　　　　　　B. 盈亏平衡的均衡条件

C. 亏损最小的均衡条件　　　　　D. 利润最大化的均衡条件

E. 以上选项均正确

15. 对于完全垄断市场,下列说法正确的有(　　)。

A. 行业中只有一个生产者　　　　B. 生产者是价格的制定者

C. 生产者是价格的接受者　　　　D. 产品是独特的、无可替代的

E. 需求曲线是向右上方倾斜的

三、判断题

1. 完全竞争市场不一定比垄断更易保证生产资源的有效利用。(　　)

2. 由于垄断会使效率下降,因此任何垄断都是要不得的。(　　)

3. 对于任何厂商来说,在长期均衡中都必然实现 $TR>TC$。(　　)

4. 所有完全竞争的企业都可以在短期均衡时实现经济利润最大化。(　　)

5. 垄断是缺乏效率的,因为厂商有超额利润。(　　)

6. 对任何企业来说,如果边际成本降低,根据利润最大化原则,该企业应当降价销售。(　　)

7. 完全竞争厂商利润最大化的条件是边际成本等于价格,价格高于最低平均变动成

本。（ ）

8. 垄断竞争厂商的客观需求曲线要比主观需求曲线更加平坦。（ ）

9. 在垄断竞争市场上，平均收益曲线、边际收益曲线与需求曲线重合在一起。（ ）

10. 在完全竞争市场上，SMC曲线和SAC曲线的交点被称为停止营业点。（ ）

11. 在完全竞争市场条件下，某厂商生产一种产品的要素投入价格为20元，其边际产量为5，则根据利润最大化原则，出售该产品的边际收益应为20元。（ ）

12. 完全竞争市场必须有大量的买家、卖家和同质的商品，并且所有的资源具备完全的流动性，信息完全对称。（ ）

13. 由于垄断对于消费者来说是件"坏事"，对于生产者来说是件"好事"，因此，综合起来，我们难以判断它到底是否有效率。（ ）

14. 垄断厂商在短期内实现均衡时，可以获得最大利润，可以利润为零，也可以蒙受最小亏损。（ ）

15. 在厂商短期均衡产量上，$AR<SAC$，但$AR>AVC$，则厂商亏损，但应继续生产。（ ）

四、简答题

1. 请说明完全垄断厂商的短期均衡。

2. 结合图形说明完全竞争厂商的需求曲线、平均收益曲线和边际收益曲线的特征及关系。

3. 分析完全竞争厂商的短期均衡。

4. 简述垄断竞争厂商的两条需求曲线的含义及相互关系。

5. 垄断为何导致低效率？

六、论述题

1. 试述厂商实现最大利润的原则,并谈谈你的看法。

2. 比较不同市场组织的经济效率,并依此说明政府为何要限制垄断,促进竞争。

专业运用能力训练

一、计算题

1. 已知完全竞争厂商的长期成本函数为 $LTC=Q^3-12Q^2+40Q$,计算当市场价格 $P=100$ 时,厂商实现最大利润的产量、利润及平均成本。

2. 某完全竞争、成本不变的单个厂商长期总成本函数 $LTC=Q^3-12Q^2+40Q$。求长期均衡时的价格和单个厂商的产量。

3. 当 $STC=0.1Q^3-2Q^2+15Q+10$，$P=55$ 时，求短期均衡产量。

4. 某完全竞争行业中单个厂商的短期成本函数为 $STC=0.1Q^3-2Q^2+15Q+10$，求市场价格降为多少时，厂商必须停产。

5. 某垄断厂商短期总成本函数为 $STC=0.3Q^3+6Q^2+140$，需求函数为 $Q=140-2P$，求短期均衡产量和均衡价格。

6. 某垄断厂商面对的需求曲线上某一点的点弹性 $E_d=5$，商品的价格 $P=6$，假定在该点实现了短期均衡，求相应的边际收益（MR）与边际成本（MC）。

二、案例分析

案例1 日本8家汽车零部件企业价格垄断案

2000年1月至2017年2月，日立、电装、爱三、三菱电机、三叶、矢崎、古河、住友等8家日本汽车零部件生产企业为减少竞争,以最有利的价格得到汽车制造商的零部件订单,在日本频繁进行双边或多边会谈,互相协商价格,多次达成订单报价协议并予以实施。价格协商涉及中国市场并获得订单的产品包括起动机、交流发电机、节气阀体、线束等13种。上述行为构成了价格垄断协议,违反了《反垄断法》第13条的规定。日立因为是第一家主动报告达成垄断协议有关情况并提供重要证据的企业,所以被免除处罚。作为第二家主动报告达成垄断协议有关情况并提供重要证据的电装则被处以上一年度销售额4%的罚款(1.505 6亿元)。发改委对只协商过一种产品的矢崎、古河和住友,处上一年度销售额6%的罚款,分别计2.410 8亿元、3 456万元和2.904亿元;对协商过两种以上产品的爱三、三菱电机和三叶,处上一年度销售额8%的罚款,分别计2 976万元、4 488万元和4 072万元。

(资料来源:赢了网,http://s.yingle.com/y/al/151691.html)

请讨论:对日本8家汽车零部件公司的罚款是否合理?为什么?

案例2　为什么不打价格战

某位消费者发现,1995年各大超市就有可口可乐售卖,当时还是听装,大概2元钱左右一听。这么多年过去了,现在的可口可乐基本上还是这个价格,只是略微涨了点,而可口可乐的竞争对手百事可乐的价格也基本未变。它们之间为什么不打价格战呢?请你依据经济学知识进行分析。

专业拓展能力训练

社会调查

请对你所处地区进行某一行业的市场结构调查,分析这种市场结构对这个行业的影响,要求有背景资料、过程描述、分析结论,并探讨在这个市场结构下,企业应该如何进行经营(不少于1 500字)。

项目 7

收入与分配

学习引导

内容提要	收入与生产要素的基本内容；劳动的价格——工资概念及其决定机制；资本的价格——利息概念及其决定机制；土地的价格——地租概念及其决定机制；企业家才能的价格——利润概念及其决定机制；居民收入来源的渠道；洛伦茨曲线和基尼系数的含义与运用；收入分配不平等的原因及解决对策。
学习重点	生产要素的价格决定；洛伦茨曲线和基尼系数。
学习难点	洛伦茨曲线和基尼系数。
学习拓展	在新时代如何兼顾效率与公平；我国脱贫攻坚取得的成果。

知识认知能力训练

一、填空题

1. 从市场经济的表面现象看，每一种收入都是生产要素投入生产经营过程的结果。微观经济学家将生产要素分为_____、资本、_____和_____四种。

2. 厂商对劳动的需求取决于劳动的_____和_____的比较，当劳动的_____大于_____时，厂商就会_____；反之，厂商就_____。劳动供给曲线是一条_____的曲线。

3. 当收入效应_____替代效应时，劳动供给随工资率的上升而_____；当收入效应_____替代效应时，劳动供给随工资率的上升而_____。

4. 厂商对资本的需求取决于资本的_____和_____。资本的_____即资本的预期利润率，是指在其他条件不变的情况下，厂商增加的最后 1 单位资本带来的收益的_____。

5. _____是把其他三种要素结合起来生产出更多产品的决定性因素。它也是由_____和_____决定的。

6. 超额利润只有在_____和_____条件下才会产生。_____是社会进步的动力。

7. 居民收入主要由_____、_____和转移支付收入三大类构成。

8. _____与_____是微观经济政策的目标,如何协调这两者的关系,成为收入分配问题的核心。

9. _____曲线位于绝对平等和绝对不平等之间,曲线越_____,表示_____的程度越大,越_____,则表示_____的程度越大。

10. 当基尼系数为____时,收入分配绝对平均;当基尼系数为____时,收入分配绝对不平均。在____和____之间,其值越小,收入分配越_____;其值越大,则收入分配越_____。

二、单项选择题

1. 下列选项中,(　　)不属于工资差异的原因。
   A. 智力、体力、教育方面的差异　　B. 性格、情感方面的差异
   C. 所处行业市场结构的不同　　　　D. 职业之间存在的差异

2. 使地租不断上升的原因是(　　)。
   A. 土地的供给和需求同时增加　　　B. 土地的供给减少,而需求不变
   C. 土地的需求日益增加,而供给不变　D. 土地的供给和需求同时减少

3. 下列选项不属于要素收入的是(　　)。
   A. 薪水　　　　　　　　　　　　　B. 银行存款利息
   C. 红利　　　　　　　　　　　　　D. 公司对贫困地区的捐款

4. 洛伦茨曲线越是向横轴突出,则说明(　　)。
   A. 基尼系数就越大,收入越不平等　B. 基尼系数就越大,收入越平等
   C. 基尼系数就越小,收入越不平等　D. 基尼系数就越小,收入越平等

5. 当工资率上升到一定程度时,劳动供给曲线会向后弯曲,这是因为(　　)。
   A. 工资率提高时对劳动供给的替代效应大于收入效应
   B. 工资率提高时对劳动供给的替代效应小于收入效应
   C. 工资率提高时对劳动供给的替代效应等于收入效应
   D. 以上都不对

6. 下列选项中,(　　)不是居民收入的来源。
   A. 利息收入　　　　　　　　　　　B. 工资收入
   C. 国家政策补贴　　　　　　　　　D. 社会捐助

7. 土地的供给曲线是一条(　　)。
   A. 向右上方倾斜的曲线　　　　　　B. 向右下方倾斜的曲线
   C. 与横轴平行的线　　　　　　　　D. 与横轴垂直的线

8. 根据基尼系数的大小进行判断,下列四个国家分配最为平均的是(　　)。
   A. 甲国,基尼系数为 0.1　　　　　B. 乙国,基尼系数为 0.15
   C. 丙国,基尼系数为 0.2　　　　　D. 丁国,基尼系数为 0.18

9. 工资增加的收入效应导致劳动供给_____,替代效应导致劳动供给_____。(   )

　　A. 增加　增加　　　　　　　　　B. 减少　减少
　　C. 增加　减少　　　　　　　　　D. 减少　增加

10. 随着工资水平的提高,劳动的供给量(   )。
　　A. 一直增加　　　　　　　　　　B. 一直减少
　　C. 先增加后减少　　　　　　　　D. 先减少后增加

三、判断题

1. 劳动供给曲线之所以向后弯曲是因为劳动的替代效应大于收入效应。(   )
2. 经济学中的收入就是指居民的实际所得。(   )
3. 只有当使用生产要素的边际收益等于边际成本时,厂商才在生产要素的使用上实现利润最大化。(   )
4. 均衡利率的出现,说明现实中的利率应该都处于同一个水平上。(   )
5. 因为追求收入分配的公平会影响社会效率的提高,因此,我们应该着重考虑提高效率,公平问题可以暂时放一放。(   )
6. 在一个国家或者地区,因为土地是固定不变的,所以土地的供给曲线是一条垂直于横轴的直线。(   )
7. 生产要素市场的需求是一种直接需求。(   )
8. 分配理论实际上是价格理论在分配问题上的应用。(   )
9. 甲、乙两国的基尼系数分别为0.1和0.2,那么甲国的收入分配要比乙国平均。(   )
10. 公平与效率是一对永恒的矛盾,就目前而言,我们应该兼顾公平和效率。(   )

四、简答题

1. 在完全竞争市场上,工资水平如何决定?

2. 利润在经济中有什么作用?

3. 为什么说利率决定着资本的供给。

4. 解决收入分配不平等有哪些措施？

5. 简述洛伦茨曲线和基尼系数并说明基尼系数的作用。

专业运用能力训练

一、案例分析

案例：茅台酒为什么不能"克隆"

20世纪70年代，为了大幅度提高茅台酒的产量，国家有关方面组织专门队伍，在名城遵义市郊筹建了茅台酒异地试验场，并依样画葫芦从茅台酒厂搬来全套酿造工艺、最好的酿酒技师、发酵的大曲乃至窖泥。但经历10余年，酿出的酒仍然不是茅台酒。不仅是靠近茅台镇的遵义，在我国台湾、在日本……不知多少人感叹茅台酒的珍贵，明里暗里，挖空心思偷师学艺，结果无不以南橘北枳而告终。

研究显示，在茅台酒的酿造自然环境系统中，最特殊、也是对茅台酒的不可克隆最具决定性的因素是其微生物环境，而这种环境的形成，是地理与历史两方面条件综合叠加、天机巧合的结果。

茅台镇地处海拔400余米的低热河谷地带，气候冬暖夏热雨量少，加之两岸高山耸峙，地形特殊，极其适宜微生物的生长和繁衍。与此同时，这里的酿酒活动又恰恰千百年经久不息，更使微生物的活动愈发活跃，种类相对稳定，最终在茅台镇上空编织出了不易受外来自然力破坏和影响的微生物网。

千百年来，勤劳精明的茅台人民在对身边的地理环境不断的观察领悟中归纳总结，引自然之物,自然之理为我所用,因地制宜,渐渐创造出了与上述微生物相应的不同于一般白酒的精湛酿造工艺。其中的绝彩妙笔,便是在所有的中国白酒中,独一无二地采用开放式的堆积发酵工艺,充分网罗空气中的微生物参与整个发酵过程。

据初步分析,至少有100多种微生物对茅台酒主体香——酱香的形成有着直接影响,以致车往茅台镇方向走,相距10余千米,浓郁的酒香就扑鼻而来,甚至直升机飞行空中,也能为其包裹。

此外,茅台地区的土壤、水质、原料等条件,亦是其他地区的白酒生产所难以具备的。

对于所有的茅台酒异地克隆而言,离开了茅台镇,也就酿不出茅台酒的关键之处就在于,实验者可以搬走茅台酒酿造的所有的其他部件配方,但无论如何也搬不走其微生物环境。可以说,茅台酒股份公司周围整个大自然,都在为茅台酒保守秘密。

2001年4月3日,国家质量技术监督局在北京钓鱼台国宾馆召开新闻发布会,7.5平方千米的茅台酒酿造地受到地域保护。

(资料来源:《大众标准化》,2001年第7期)

请借助所学的经济学基本原理分析为什么茅台酒不可"克隆"。

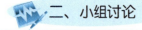

二、小组讨论

为什么干得多却挣得少

我国城乡居民收入在总体稳步增长的同时,不同群体之间的收入差距却在拉大。特别是由于劳动报酬在初次分配中的比例过低,"干得多,挣得少",制约着百姓消费能力和生活质量的提高。

一、这收入来得不容易

福州出租车司机叶师傅,傍晚5点半接班,开到次日凌晨4点,每夜挣400多元。他说:"在福州人眼里,出租车司机算是准高收入者,正常的话一月能赚4 000元。"

这收入来得不容易。黑白颠倒,一月只休息4天。而且,他和身边的很多司机都没办理任何社保手续。由于车不是自己的,每个夜班,叶师傅要向车主交100多元租金,再加上各种税费和向挂靠公司交的管理费,这样一来,每夜400多元的营业额里,油钱和租金占去2/3。

"为什么这么辛苦地跑?因为负担越来越重了啊。"这4 000元就是叶师傅全家每月的收入,房子是租来的,每月租金近300元;5岁的儿子上幼儿园,每月费用六七百元;父母和岳父母每月也要给一点吧……一笔笔算过来,每月只剩1 000多元。

这1 000多元能干什么呢?主要就存着预备给孩子将来上学用。买房子却从未想过,"商品房太贵了。申请经济适用房,我们是外来人口又不符合条件。"

二、大家收入都比我高

济南打工者吴师傅,固定工资每月640元,焊接一台热水器挣不到3元。

2005年,18岁的吴长胜从技校毕业。当时工作难找,他筹资贩起水果蔬菜。"半年下来,挣了1万多。"吴长胜说,钱是挣到一些,但几个月瘦了五六斤。后来,他在老家威海盘下一个小吃部,又到济南长清大学城卖服装,有挣有赔,两年算下来,折进去3万多。如今的吴师傅在力诺瑞特公司打工。转正后,他每月拿1 600元左右,"固定工资每月640元,其他为计件工资,焊接一台太阳能热水器,平均2.95元。"

"因为进公司不到5年,我还没有资格享受住房公积金。"小吴说,"公司规定按工龄休年假,我一年可以休5天。可为了多拿点钱,从没有休过。"

"车间里,谁比你工资高?"记者问。"大都比我高。"小吴笑了,"我是焊接工,上面有工艺员、统计、车间主任、生产部长、生产总监、总经理等,车间主任每月近5 000元。"

小吴说,除了上班外,他平时很少出厂门,最大的心愿是过年后买套房子,"90平方米,总价30多万元,首付30%,大约9万。现在存折里有4万元,还有不小的差距。"

三、何时不再捉襟见肘

广州白领张越每月收入4 000多元,可交上房子的月供后,钱包就瘪下去了。

将3个月的供楼款7 800元存入按揭账户后,张超感到银行卡开始亮"红灯"了。生活在广州,处处要花钱,他认为自己的银行卡上最少要存2万元,以备不时之需。但现在,供楼款一交,存款少得突破了底线。

张越现在在广州一家医疗器材公司做售后,工资条上税前收入超过5 000元,扣除个税和社保医保以及其他费用后,拿到的现金也有4 000多元。每月还房贷2 600元后,钱包就迅速瘪下去了。

张超的妻子曾在一家医院做护士,月收入一千六七百元。孩子出生后,妻子如果继续工作,因为要上夜班,就必须请一个保姆,但现在最便宜的住家保姆,每月工钱也在1 200元以上。无奈之下,妻子就只能辞工,专职带小孩,家里的收入顿时也少了一大截。

像张越这样的白领,在广州不在少数。干得多了,收入却似乎越来越显得少了。对于加工资,他们的要求并不高,在应付家庭正常的支出时不捉襟见肘,就很满意了。

(资料来源:《兰州晚报》,2009年12月4日)

试分析:为什么干得多却挣得少?这里折射出一个什么现象?政府应该做些什么?

专业运用能力训练

一、社会调查

请调查本地区的收入平等状况并根据收集到的资料计算基尼系数。

二、资料检索

截止至2020年,我国脱贫攻坚取得了历史性的胜利,基本上摆脱了贫困状况,请上网检索相关内容并制作PPT加以说明。

项目 8

市场失灵与政府干预

学习引导

内容提要	市场失灵的概念，市场失灵的表现，市场失灵的原因；公共物品和私人物品的区别；"搭便车"问题及解决措施；帕累托效应；不完全信息；政府干预的原因；政府干预的局限性；政府监管的相关内容。
学习重点	市场失灵的原因和表现；政府干预的局限性，政府监管的重要性。
学习难点	市场失灵的原因和表现。
学习拓展	新时代政府监管的必要性和必然性。

知识认知能力训练

一、填空题

1. 市场失灵是指对于非公共物品而言由于_____和_____，或对于公共物品而言由于_____和_____等原因，导致资源配置无效或低效，从而不能实现资源配置零机会成本的资源配置状态。

2. 严格意义上的公共物品具有_____和_____的特点。_____是指一个人对公共物品的享用并不影响另一个人的享用，_____是指对公共物品的享用任何消费者都无须付费，都不会被排斥在外。

3. 市场经济被认为是最具效率和活力的_____和_____手段，它具有任何其他经济体制和手段不可替代的优势，主要表现在_____、_____以及_____上。

4. 政府干预主要表现在_____、提供公共物品、_____、应付信息不对称和_____。

5. 逆向选择是指由于交易双方_____和_____产生的劣质品驱逐优质品的现象，这将导致市场交易产品的平均质量下降。

6. 政府管制的主要措施包括价格控制、_____、质量控制、

_____、_____、税收或补贴控制以及国家直接经营。

二、单项选择题

1. 帕累托效应通常用来衡量（　　）。
   A. 通货膨胀问题　　　　　　　　B. 公平问题
   C. 分配问题　　　　　　　　　　D. 效率问题
2. 市场失灵是指（　　）。
   A. 在私人部门和公共部门之间资源配置不均
   B. 不能产生任何有用成果的市场过程
   C. 以市场为基础的对资源的低效率配置
   D. 收入分配不平等
3. 某个厂商的一项经济活动对其他厂商产生有利影响,我们把这种行为称作（　　）。
   A. 生产的外部不经济　　　　　　B. 消费的外部不经济
   C. 生产的外部经济　　　　　　　D. 消费的外部经济
4. 某人的吸烟行为属于（　　）。
   A. 生产的外部经济　　　　　　　B. 消费的外部经济
   C. 生产的外部不经济　　　　　　D. 消费的外部不经济
5. 公共产品的产权属于社会,而不属于任何个人,是指它的（　　）。
   A. 排他性　　B. 非排他性　　C. 竞争性　　D. 非竞争性
6. 当人们无偿地享有了额外收益时,称作（　　）。
   A. 公共产品　　　　　　　　　　B. 外部不经济效果
   C. 交易成本　　　　　　　　　　D. 外部经济
7. 卖主比买主知道更多关于商品的信息,这种情况被称为（　　）。
   A. 信息不对称问题　　　　　　　B. 搭便车问题
   C. 道德陷阱　　　　　　　　　　D. 逆向选择
8. 外部不经济的存在是导致市场秩序混乱的一个重要因素,消除外部不经济的方法很多,其中最重要的解决方法是（　　）。
   A. 政府利用税收手段进行调节　　B. 合并相关企业,使外部性内部化
   C. 由政府投资生产相关产品　　　D. 明晰产权
9. 垄断会导致资源无法实现最优配置,这是由于（　　）。
   A. 垄断产生道德风险
   B. 垄断导致外部不经济
   C. 垄断产生"搭便车"现象
   D. 垄断使得市场机制难以有效地发挥作用
10. 某村村民以种植有机蔬菜作为主要经济来源,为了保证新鲜蔬菜及时运送到城区,村中两位种植大户合资修建了一条通向城市的村级公路并允许其他村民免费使用,对这一

事例说法错误的是（　　）。
　　A. 其他村民可以"免费搭车"
　　B. 允许未付费者使用有损于社会资源配置的帕累托效应
　　C. 村级公路修建的成本不一定非要全体村民承担
　　D. 允许未付费者使用可能会导致无人愿意修建村级道路

11. 为了保护和促进竞争,限制垄断和反对不正当竞争,政府可以采取的措施有（　　）。
　　A. 明晰产权　　　　　　　　　B. 法律手段和公共管制
　　C. 税收和补贴手段　　　　　　D. 合并相关企业

12. 政府的行政权力的当事人通过（　　）帮助自己建立垄断地位以获取高额垄断利润的行为被称为"寻租"
　　A. 合法的手段　　　　　　　　B. 非法的手段
　　C. 一切合法或者非法手段　　　D. 行政手段

13. 政府通过罚款或增税来抑制的经济活动属于（　　）。
　　A. 产生内部不经济活动　　　　B. 提供公共产品的活动
　　C. 产生外部不经济的活动　　　D. 产生外部经济的活动

14. 下列行为会导致政府投资低效率的是（　　）。
　　A. 公共物品缺乏竞争　　　　　B. 公共投资的失误
　　C. 政府的寻租　　　　　　　　D. 政府的扩张

15. 下列选项不属于应对信息不对称的措施的是（　　）。
　　A. 将私人信息转化为公共信息　B. 强制信息披露
　　C. 建立市场准入机制　　　　　D. 将信息不对称的双方合并

16. 下列选项属于政府直接提供公共物品的是（　　）。
　　A. 邮政服务　　B. 国防　　C. 教育　　D. 医院

17. 下列现象属于逆向选择的是（　　）。
　　A. 购买了健康保险后就不注意身体健康
　　B. 劣币驱逐良币
　　C. 购买财产保险后不注意防盗
　　D. 购买汽车后不认真保养汽车

18. 产生逆向选择和道德风险的原因是（　　）。
　　A. 垄断　　B. 外部性　　C. 市场失灵　　D. 信息不对称

三、多项选择题

1. 形成市场失灵的主要原因有（　　）。
　　A. 垄断　　B. 不完全信息　　C. 道德　　D. 外部性
　　E. 公共物品

2. 一般来说，垄断存在的缺点有（　　）。
   A. 缺乏效率
   B. 缺乏公平
   C. 与完全竞争或垄断竞争相比，产品价格高，产量低
   D. 与完全竞争或垄断竞争相比，产品价格低，产量高
   E. 利润低

3. 外部经济是指（　　）。
   A. 私人成本高于社会成本　　　B. 私人成本低于社会成本
   C. 私人利益低于社会利益　　　D. 私人利益高于社会利益
   E. 某个家庭或厂商的一项经济活动能给其他家庭或厂商无偿地带来好处

4. 外部不经济是指（　　）。
   A. 私人成本高于社会成本　　　B. 私人成本低于社会成本
   C. 私人利益低于社会利益　　　D. 私人利益高于社会利益
   E. 某个家庭或厂商的一项经济活动能给其他家庭或厂商带来无法补偿的危害

5. 外部性可以分为（　　）。
   A. 生产的外部经济　　　　　　B. 生产的外部不经济
   C. 消费的外部经济　　　　　　D. 消费的外部不经济
   E. 政府的外部经济

6. 私人物品的基本特征是（　　）。
   A. 竞争性　　　B. 非竞争性　　　C. 排他性　　　D. 非排他性
   E. 竞争性与非竞争性

7. 市场不能提供纯粹的公共物品是因为（　　）。
   A. 公共物品不具有竞争性　　　B. 公共物品不具有排他性
   C. 有的消费者不需要公共物品　D. 公共物品具有排他性
   E. 消费者都想"免费搭车"

8. 不完全竞争是市场失灵的一种形式，政府干预不完全竞争的方法有（　　）。
   A. 政府管制　　　　　　　　　B. 价格控制
   C. 实行企业合并　　　　　　　D. 规定财产权
   E. 实施反垄断法

9. 需要政府干预的"市场失灵"现象主要有（　　）。
   A. 垄断　　　B. 过度竞争　　　C. 国防　　　D. 环境污染
   E. 空气质量

10. 资源配置达到帕累托最优状态的条件是（　　）。
    A. 信息是完全的　　　　　　　B. 市场是完全竞争的
    C. 经济主体是完全理性的　　　D. 市场是完全垄断的
    E. 经济主体的行为不存在外部性影响

11. 政府管制的主要措施包括（　　）。
    A. 价格控制　　　　　　　　　B. 质量控制
    C. 融资控制　　　　　　　　　D. 市场进入或退出控制

E. 国家直接经营
12. 下列内容属于政府决策低效率的是（　　）。
   A. 政府决策没有达到预期目标
   B. 政府决策达到了预期目标，但成本大于收益
   C. 政府决策达到了预期目标，但带来了严重的负面效应
   D. 政府决策达到了预期目标，但速度明显偏慢
   E. 政府决策达到了预期目标，但效率明显偏低

四、判断题

1. 逆向选择是指由于交易双方信息不对称和市场价格下降产生的优质品驱逐劣质品的现象。（　　）
2. 外部负效应问题是指某一主体在生产和消费活动中对其他主体造成的损害，也就是外部不经济。（　　）
3. 产生逆向选择时，不一定都需要进行行政干预，可以通过有效的制度安排和有力措施加以排除。（　　）
4. 外部不经济不利于资源优化配置。（　　）
5. 公共物品必须同时具有非竞争性和非排他性。（　　）
6. 垄断一是产生对消费者的掠夺和欺诈，二是导致生产者生产的无效率。垄断可能使得资源的配置缺乏效率。（　　）
7. 在不完全信息条件下，降低商品和要素价格一定会刺激消费者对该商品的需求。（　　）
8. 市场经济在任何情况下都能充分有效地发挥资源的配置作用。（　　）
9. 寻租是指行政权力的当事人通过合法或非法的努力帮助自己建立垄断地位，以获取高额垄断利润的行为。（　　）
10. 公共决策失误仅是指政府决策没有达到预期的社会公共目标。（　　）
11. 政府管制是指政府通过制定有关法律以禁止垄断的产生。（　　）
12. 市场经济中个人的理性选择的综合效果导致集体的理性行为。（　　）
13. 在垄断存在的情况下，政府必须进行控制，其目标是实现帕累托最优，同时兼顾公平。（　　）
14. 产生逆向选择时，不一定都需要进行行政干预，可以通过有效的制度安排和有力措施加以排除。（　　）
15. 政府决策会导致政府的盲目扩张。（　　）

五、简答题

1. 市场失灵的原因是什么？

2. 市场失灵的表现主要体现在哪些方面？

3. 政府干预的局限性是什么？

4. 为什么要进行政府干预？

专业运用能力训练

一、案例分析

案例 1　反垄断或进入新常态　奔驰在江苏被处罚 3.5 亿元

2015 年 4 月，江苏省物价局对奔驰汽车价格垄断案依法做出行政处罚，对奔驰公司罚款 3.5 亿元，对部分经销商罚款 786.9 万元。

经查，奔驰公司与江苏省内经销商达成并实施了限定 E 级、S 级整车及部分配件最低转售价格的垄断协议，违反了《反垄断法》第十四条的规定，排除、限制了相关市场竞争，损害了消费者利益。2013 年 1 月至 2014 年 7 月，奔驰公司通过电话、口头通知或者召开经销商会议的形式，限制江苏省不同区域内 E 级、S 级整车的最低转售价格。奔驰公司通过加大对经销商的考核力度，对不执行限价政策的经销商进行约谈警告、减少政策支持力度等多种方式的处罚，促使垄断协议得以实施。

另查明，奔驰汽车的苏州经销商自 2010 年 11 月起，南京、无锡两地经销商自 2014 年 1 月起，在奔驰公司组织下多次召开区域会议，达成并实施了固定部分配件价格的垄断协议，违反了《反垄断法》第十三条的规定。

奔驰公司在达成并实施垄断协议的过程中，起到了主导和推动作用。江苏省物价局依据《反垄断法》第四十六条、第四十九条规定，对奔驰公司处以上一年度相关市场销售额 7%

的罚款,计 3.5 亿元,对在奔驰公司组织下达成并实施垄断协议的经销商处以上一年度相关市场销售额 1% 的罚款,其中对主动报告达成垄断协议有关情况并提供重要证据的经销商,依法免除或者从轻处罚。对南京、无锡、苏州三地的奔驰经销商共计罚款 786.9 万元。

此前,多家车企因涉嫌违反《反垄断法》被约谈,并纷纷下调在华整车及零配件的价格。除奔驰外,一汽一大众销售有限公司被罚近 2.5 亿元,8 家奥迪经销商被罚近 3 000 万元;克莱斯勒及其 3 家经销商因为类似原因分别被处以 3 000 余万元、12.35 亿元的罚单。

业内人士指出,去年 9 月奥迪与克莱斯勒被处罚之后,沉寂 7 个月的反垄断大锤再次落地,表明中国汽车市场或来将进入反垄断常态化,未来将更进一步治理售后零配件价格垄断。

(资料来源:中国新闻网,http://zaozhuang.dzwww.com/jdxw/201504/t20150423_12273991.htm)

试分析:(1)奔驰等公司违反了《反垄断法》中的哪些内容?

(2)查处奔驰汽车垄断对于我国反垄断有何启示?

案例 2 乌木归谁所有?

2012 年春节,四川彭州农民吴高亮在自家承包地中发现了据称价值超过 1 200 万元的乌木,但 7 月 3 日,彭州市国有资产办公室正式宣布,乌木归国家,只奖励发现者 7 万元。

一、7 根乌木出土,最大一根重达 60 吨

2012 年春节,吴高亮和朋友在家门口的河边溜达,无意中在自家承包地发现一截冒出来的木头,朋友称,这可能是值钱的乌木。2 月 9 日,吴高亮雇了一辆挖掘机开挖。不久后,两名派出所民警禁止吴高亮挖掘,镇政府领导上门反复劝说吴高亮放弃乌木。他们说,地下埋藏的乌木属于国有,镇上将乌木挖起来,会给他申请奖励,也会补偿他前期的投入。最终,在 2 月 20 日,通济镇镇政府从吴高亮的承包地中一共挖出了 7 根乌木,最大的一根长达 34 米,胸径约 1.5 米,出土时重达 60 吨。

据悉,经中国林业科学研究院木材工业研究所鉴定,吴高亮发现的这批乌木确认为隶樟科的桢楠,即俗称的"金丝楠木"。在市场上,树种为金丝楠木的乌木是最贵的。吴高亮说,当初挖出来时,就有人愿出 1 200 万元购买。

二、官方："应归国家所有"

7月3日,彭州市国资办召集文管、林业、司法、水务、国土等部门,正式答复:乌木归国家,奖励发现者7万元。有法学专家表示,不论是按照《民法通则》还是《物权法》,乌木都应为国家所有。

吴高亮表示对此不满,他认为,《物权法》第四十九条规定:"法律规定属于国家所有的野生动植物资源,属国家所有。"法律没有规定的国家动植物资源,就不属于国家所有。

彭州市市政府的依据是《民法通则》第七十九条,即"所有人不明的埋藏物、隐藏物,归国家所有"。

(资料来源:《广州日报》,2012年3月15日)

试分析:乌木到底归谁所有?为什么?

二、小组讨论

2016年以来,我国的房地产市场坚持了分类调控的政策,各地根据地方情况,出台了适合当地的房地产调控措施。2016年的调控城市主要是一、二线热点城市,而2017年,调控从单个城市调控向城市群协同、片区联动收紧转变。以城市群为调控主场,从中心城市向周边三、四线城市逐步扩围,调控范围包括京津冀城市群、长三角城市群、珠三角城市群和中西部城市群。

据中国指数研究院统计,截至2017年12月底,90个地级以上城市出台了约200项调控政策,35个县市出台了约40项调控政策,海南、河北从省级层面全面调控。此轮调控总体上表现为持续时间更长、涉及城市更多、政策强度更大。

继限购、限贷、限价后,部分城市的限售也成为本轮调控的一大特点,抑制短期投机需求稳定市场预期。2017年3月24日,厦门率先针对个人出台限制交易的措施,明确新购买住房的,须取得产权证后满2年方可上市交易。此后多地效仿,限售城市逐渐从热点一、二线向周边三、四线深入,至12月末,全国已经有超过50个城市实行限售措施。从限售年限来看,限售分化为2年、3年、5年,甚至有特定地块10年限售,大部分城市限售期为2—3年。

在分类调控、因城施策的房地产市场调控政策继续作用下,三、四线城市的去库存工作取得了明显的成效。国家统计局的数据显示,截止到 2017 年底,全国商品房待售面积为 58 923 万平方米,比 11 月末减少 683 万平方米。有业内人士指出,在目前的市场情况下,三、四线城市市场成交量较为稳定,库存问题已经不再严重。

(资料来源:《华夏时报》,2018 年 3 月 9 日)

请讨论:这些政策能够使房价降下来吗?为什么?

专业运用能力训练

寻找发生在你身边的市场失灵的事件或者案例,分析其原因并提出解决办法,要求有事件或者案例的描述以及原因分析,不少于 1 000 字。

项目 9

国民收入

学习引导

内容提要	GDP、GNP、NNP、NI 等宏观经济总量概念；支出法、收入法、生产法的计算方法；三种方法之间的关系；总需求、总供给的概念；消费函数和储蓄函数的基本概念和经济学意义，一些重要的经济学指标的内容；均衡国民收入的含义；两部门经济中国民收入决定的条件及其图示说明。
学习重点	支出法和收入法的计算；消费函数与储蓄函数；两部门经济中国民收入决定的条件。
学习难点	国内生产总值不同计算方法的差异；两部门经济中国民收入决定的条件。
学习拓展	三、四部门经济国民收入决定；国民收入核算与决定的意义。

知识认知能力训练

一、填空题

1. 国内生产总值是一个市场价值的概念，_____和_____的变动都会引起国内生产总值的变动。

2. 个人收入＝国民收入－_____－社会保险费＋转移支付＋_____＋红利和股息。

3. 国内生产总值的计算方法一般可分为生产法、_____和_____。

4. 政府购买是指各级政府部门购买_____和_____的支出，包括政府在国防、法制建设、基础设施建设等方面的支出。政府支出包括_____和_____两部分。

5. _____、_____、_____被称为拉动经济增长的三架"马车"。

6. 总需求是指一个经济社会在一定时期内对物品和劳务的需求总和，包括私人消费需求、_____、政府需求和_____四部分，而总供给由用于_____、储蓄和_____的收入构成。

7. 如果知道了_____和_____，就可以得到均衡国民收入水平。

8. 一般地，当_____大于_____时，整体经济朝着扩张的方向运行；相反，当_____小于_____时，整体经济朝着紧缩的方向运行。

9. 从投资的主体来看,投资可以分为_____和_____两种类型,投资的形态上,投资有可分为_____和_____。

10. 消费函数与储蓄函数互为补数。边际消费倾向与_____之和等于1,_____和平均储蓄倾向等于1。

二、单项选择题

1. GDP 是指一个经济社会在某一给定时期内生产的所有(　　)的市场价值。
   A. 商品和劳务　　　　　　　　B. 中间产品和劳务
   C. 最终物品与劳务　　　　　　D. 所有商品

2. 在 GDP 账户中,(　　)总量值最小。
   A. NNP　　　B. NI　　　C. PI　　　D. DPI

3. 净出口是指(　　)。
   A. 进口额减去出口额　　　　　B. 进口额加上出口额
   C. 出口额加政府转移支付　　　D. 出口额减去进口额

4. 一国的 GNP 大于 GDP,说明该国公民从国外取得的收入(　　)外国公民从该国取得的收入。
   A. 大于　　　B. 小于　　　C. 等于　　　D. 不确定

5. 个人可支配收入可以由(　　)得到。
   A. 个人收入－折旧　　　　　　B. 个人收入－转移支付
   C. 个人收入－个人所得税　　　D. 个人收入－间接税

6. 一个国家在一定时期内(通常是一年),由各部门各行业的劳动者生产出来的产品的总和,是_____,在市场经济条件下,将其用货币来表示就是_____。(　　)
   A. 社会总产品　社会总产值　　B. 社会总产品　国民生产总值
   C. 社会总产品　国民收入　　　D. 国民生产总值　国民收入

7. 下列各项能够计入 GDP 的有(　　)。
   A. 家庭主妇的家务劳务折合成的收入　B. 出售股票的收入
   C. 拍卖毕加索作品的收入　　　　　　D. 为他人提供服务所得收入

8. GNP 与 NNP 之间的差别是(　　)。
   A. 直接税　　　B. 折旧　　　C. 间接税　　　D. 净出口

9. "面包是最终产品,而面粉是中间产品"这一命题(　　)。
   A. 一定是对的　　　　　　　　B. 一定是不对的
   C. 可能是对的,也可能是不对的　D. 在任何情况下都无法判断

10. 在统计中,社会保险费增加对(　　)有直接影响。
    A. 国内生产总值(GDP)　　　　B. 国民生产净值(NNP)
    C. 个人收入(PI)　　　　　　　D. 国民收入(NI)

11. 如果个人收入为960美元,个人所得税为100美元,消费等于700美元,利息支付总额为60美元,个人储蓄为100美元,则个人可支配收入为(　　)。

  A. 860 美元   B. 800 美元   C. 700 美元   D. 760 美元

12. 按百分比计算,如果名义 GDP 上升的幅度_____价格上升的幅度,则实际 GDP 将_____。(　　)

  A. 小于　下降   B. 超过　不变   C. 小于　不变   D. 超过　下降

13. 下列选项不是存量指标的是(　　)。

  A. 消费总额   B. 资本   C. 社会财富   D. 投资

14. 如果一个社会体系的消费支出为 6 亿美元,投资支出为 1 亿美元,间接税为 1 亿美元,政府用于商品和劳务的支出为 1.5 亿美元,出口额为 2 亿美元,进口额为 1.8 亿美元,则下列选项正确的是(　　)。

  A. NI 为 8.7 亿美元   B. GDP 为 8.7 亿美元

  C. GNP 为 7.7 亿美元   D. NNP 为 7.7 亿美元

15. 用支出法计算国内生产总值的公式为(　　)。

  A. GDP=消费+投资+政府支出+净出口   B. GDP=消费+投资+政府支出+净进口

  C. GDP=消费+投资+储蓄+进口   D. GDP=消费+投资+储蓄+出口

16. 边际消费倾向递减规律指出(　　)。

  A. 消费和收入总是等量增加

  B. 随着消费增加,收入也会增加

  C. 增加的收入一部分总会被储蓄起来,不管收入是否满足人们的消费

  D. 随着收入增加,消费也会增加,但消费增加的幅度远远小于收入增加的幅度

17. 对两个经济部门中经济达到均衡的条件错误理解的是(　　)。

  A. $Y=AD$ B. $Y=C+I$ C. $I=S$ D. $C=S$

18. 在两部门经济中,均衡发生于(　　)之时。

  A. 实际储蓄等于实际投资   B. 实际的消费加实际的投资等于产出值

  C. 计划储蓄等于计划投资   D. 总支出等于企业部门的收入

19. 若消费函数为 $C=\alpha+\beta y, \alpha,\beta>0$,则边际消费倾向(　　)。

  A. 小于平均消费倾向   B. 大于平均消费倾向

  C. 等于平均消费倾向   D. 以上都有可能

20. 消费者储蓄增多而消费支出减少,则(　　)。

  A. GDP 将下降,但储蓄 S 将不变   B. GDP 将下降,但储蓄 S 将上升

  C. GDP 和储蓄 S 都将下降   D. GDP 不变,但储蓄 S 将下降

21. 下列项目不列入国内生产总值核算的是(　　)。

  A. 出口到国外的一批货物

  B. 政府给贫困家庭发放的一笔救济金

  C. 经纪人为一座旧房买卖收取的一笔佣金

  D. 保险公司收到一笔家庭财产保险费

22. 如果边际消费倾向为常数,那么消费曲线将是(　　)。

  A. 一条不通过原点的直线   B. 一条相对于横轴向上凸的曲线

  C. 一条相对于横轴向下凹的曲线   D. 以上说法均不正确

23. 边际消费倾向与边际储蓄倾向之和（   ）。
    A. 大于 1   B. 等于 1   C. 小于 1   D. 不能确定
24. 若边际储蓄倾向为 0.2，则边际消费倾向为（   ）。
    A. 0.2   B. 0.8   C. 1.0   D. 1.2
25. 计算机信息服务属于（   ）。
    A. 第一产业   B. 第二产业   C. 第三产业   D. 其他

三、多项选择题

1. 国内生产总值的核算方法包括（   ）。
    A. 生产法   B. 收入法   C. 汇总法   D. 支出法
2. 下列项目列入国内生产总值核算的有（   ）。
    A. 出口到国外的一批货物
    B. 经纪人在二手房交易中收取的佣金
    C. 政府发放的救济金
    D. 保险公司收取的一笔家庭财产保险费
3. 下列项目不属于要素收入但成为居民个人收入的有（   ）。
    A. 租金   B. 红利   C. 失业救济金   D. 社会福利
4. 总需求包括（   ）。
    A. 私人消费需求   B. 私人投资需求
    C. 政府需求   D. 来自国外的需求
5. 均衡国民收入的条件有（   ）。
    A. $C+I+G+(X-M)=C+S+T$ B. $C+G+(X-M)=C+I+S+T$
    C. $I+G+X=S+T+M$ D. $G+X=I+S+T+M$
6. GDP 核算反映以下（   ）交易。
    A. 购买一幢别人以前拥有的住房，支付给中介 6% 的中介费
    B. 新建但未销售的住房
    C. 与朋友打赌赢得 100 元
    D. 大学生每月获得的生活补贴
    E. 银行存款的利息
7. 下列项目中，（   ）属于要素收入。
    A. 公务员的工资   B. 股息
    C. 公司对福利院的捐款   D. 房屋所有者收取的房租
    E. 购买公债应得的利息
8. 下列各项正确的有（   ）。
    A. NNP－直接税＝NI   B. NNP＋资本消耗＝GNP
    C. 总投资等于净投资加折旧   D. PI＝DPI＋个人所得税
    E. GDP＝GNP＋国外净要素收入

9. 煤炭具有多种用途,作为最终产品的是( )。
   A. 居民用于做饭 　　　　　　　　　B. 餐馆用于做饭
   C. 公司用于供应暖气 　　　　　　　D. 化工厂作为化工原料
   E. 居民用于取暖

10. 经济学上的投资是指( )。
    A. 企业增加一批库存商品 　　　　B. 建造一批商品房
    C. 企业购买一辆轿车 　　　　　　D. 居民购买一套新建商品房
    E. 家庭购买公司债券

11. 用支出法核算 GDP 时,应包括的项目有( )。
    A. 居民消费支出 　　　　　　　　B. 政府转移支付
    C. 政府购买 　　　　　　　　　　D. 居民对债券的支出

12. 用收入法核算的 GDP 应包括( )。
    A. 工资、利息、租金和非企业主收入 　B. 公司税前利润
    C. 企业转移支付及企业间接税 　　　D. 资本折旧

13. 下列各行业中属于第二产业的有( )。
    A. 建筑业 　　B. 采矿业 　　C. 计算机制造 　　D. 计算机软件
    E. 交通运输业

14. 消费倾向与储蓄倾向的关系是( )。
    A. APC+APS=1 　　　　　　　　B. APC+APS=2
    C. MPC=1/(1−MPS) 　　　　　　D. MPC+MPS=2
    E. MPC=1/(1−MPS)

15. 乘数的公式表明( )。
    A. 边际消费倾向越高,乘数就越小 　B. 边际消费倾向越低,乘数就越小
    C. 边际消费倾向越高,乘数就越大 　D. 边际消费倾向越低,乘数就越大
    E. 乘数一定是不小于1的

16. 根据消费函数,引起消费增加的因素有( )。
    A. 价格水平下降 　　　　　　　　B. 收入增加
    C. 储蓄增加 　　　　　　　　　　D. 利率提高
    E. 以上说法均不正确

17. 投资乘数等于( )。
    A. 收入变化除以投资变化 　　　　B. 投资变化除以收入变化
    C. 边际储蓄倾向的倒数 　　　　　D. (1−MPS)的倒数
    E. 以上说法均不准确

18. 居民边际消费倾向递减说明( )。
    A. 随着人们的收入增加消费的绝对数量也会增加
    B. 消费增加的数量小于国民收入的增加量
    C. 消费在收入中的比例将随着国民收入的上升而下降
    D. 消费在收入中的比例将随着国民收入的上升而上升
    E. 消费和收入之间的差额随收入的增加而越来越大

19. 消费函数与储蓄函数的关系是( )。
   A. 由消费和储蓄的关系决定的　　B. 收入为消费和储蓄之和
   C. 当收入一定时,消费增加,储蓄减少　D. 当收入一定时,消费减少,储蓄减少
   E. 当收入一定时,消费减少,储蓄增加
20. 乘数效应可以理解为( )。
   A. 总需求的增加引起国民收入的成倍增加
   B. 总需求的减少引起国民收入的成倍减少
   C. 乘数发挥作用是在资源没有充分利用的情况下
   D. 乘数发挥作用是在资源充分利用的情况下
   E. 乘数的大小取决于边际消费倾向的大小

四、判断题

1. GDP 包括本国公民在国外提供生产要素生产的最终产品和劳务的价值。( )
2. 在 GDP 的核算中,布匹是作为中间产品来看的,其市场价值不应计入 GDP 中。( )
3. GNP 是一个流量的概念。( )
4. 按照国民收入核算理论,总供给可以用总支出表示。( )
5. 当总供给大于总需求时,整体经济朝着紧缩的方向运行。( )
6. 如果两个国家的国民生产总值相同,那么,他们的生活水平也就相同。( )
7. 住宅建筑支出被看作耐用消费品消费支出而不是投资支出的一部分。( )
8. 总投资增加时,资本存量就增加。( )
9. 无论是从政府公债得到的利息还是从公司债券得到的利息都应该计入国民生产总值。( )
10. 无论是商品数量还是商品价格的变化都会引起实际国民生产总值的变化。( )
11. 用价值增加法来统计生产产品的价值时,实际上存在着重复计算的问题。( )
12. 一般来说,青年的平均消费倾向大于老年人。( )
13. 可支配收入为零时,居民的消费支出一定为零。( )
14. 在任何情况下,个人储蓄的增加都会使实际国民生产总值增加。( )
15. 决定投资的首要因素是利率。投资是利率的增函数。( )
16. 如果边际消费倾向斜率为正,那么边际储蓄倾向斜率为负。( )
17. 如果边际消费倾向为 1,而且社会产能无限,那么乘数为无穷大。( )
18. 若消费函数为 $C=0.85Y$,则边际消费倾向是新增 1 美元收入中消费 85 美分。( )
19. 经济增长率(RGDP)是末期国民生产总值与基期国民生产总值的比较。( )
20. 某人购买有价证券的行为就是经济学上所说的投资。( )

五、简答题

1. 简述总需求和总供给的构成以及什么条件下决定均衡国民收入。

2. 请画图说明消费函数和储蓄函数。

3. 什么是投资乘数？它与国民收入的关系是什么？

4. 什么是 CPI 和 PPI，这两个指标反映了什么经济现象？

5. 简述国民收入模型研究的现实意义。

专业运用能力训练

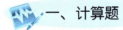
一、计算题

1. 假定某地国民收入统计资料如表 9-1 所示。

表 9-1 某地国民收入统计资料　　　　　　　　单位：亿元

净投资	125	政府购买	200
净出口	15	社会保险费	150
储蓄	160	个人消费支出	500
资本折旧	50	公司未分配利润	100
政府转移支付	100	公司所得税	50
企业间接税	75	个人所得税	80

请计算：(1) 国民生产总值。
(2) 国民生产净值。
(3) 国民收入。
(4) 个人收入。
(5) 个人可支配收入。

2. 已知某地区国民经济统计资料（单位：亿元）如下：
(1) 农业总产值 280 亿元，其中农民自产自用粮食价值 35 亿元；中间投入 62 亿元。
(2) 工业总产值 960 亿元，其中企业间重复计算价值为 238 亿元；中间投入 340 亿元。
(3) 建筑业总产值 326 亿元；中间投入 83 亿元。
(4) 运输邮电业总产值 188 亿元；中间投入 35 亿元。
(5) 贸易及餐饮业总产值 237 亿元；中间投入 68 亿元。
(6) 其他营利性非物质生产部门营业收入 452 亿元；中间投入 85 亿元。

(7) 其他非营利性非物质生产部门经常性业务支出 530 亿元，固定资产折旧为经常性业务支出的 10%；中间投入 76 亿元。

(8) 全地区最终消费支出 1 686 亿元，资本形成总额为 548 亿元，自外地购入商品 32 亿元，向外地输出商品 75 亿元。

试根据上述资料分别用生产法和支出法计算该地区的国内生产总值。

3. 社会原收入水平为 1 000 亿元时，消费为 800 亿元，当收入增加到 1 200 亿元时，消费增至 900 亿元，请计算边际消费倾向和边际储蓄倾向。

4. 假设经济模型为 $Y=C+I+G, I=20+0.15Y, C=40+0.65Y, G=60$
请计算：(1) $Y、C、I$ 的均衡值。
　　　　(2) 投资乘数。
　　　　(3) 平均消费倾向。

二、案例分析

案例 1：转变政府职能向唯 GDP 论动刀

中共中央中组部 2013 年印发《关于改进地方党政领导班子和领导干部政绩考核工作的通知》(以下简称《通知》)，规定今后对地方党政领导班子和领导干部的各类考核考察，不能仅仅把地区生产总值及增长率作为政绩评价的主要指标，不能搞地区生产总值及增长率排名等。

从《通知》中的多项规定看，可以说是在用人制度方面的一次深刻转型。许多规定的积极意义是十分突出的，这些规定击中了干部考核中存在的深层次弊病，是干部考核方式方法的巨大进步。

单纯用 GDP 指标考核干部的传统做法,已经引起了社会各界越来越多的诟病。2013 年以前经济社会发展中许多不正常现象都和唯 GDP 论存在关系。随着改革的深入、社会的变迁,在以下方面问题表现得越来越明显:

首先,大拆大建现象日益普遍。为了提升政绩拉动 GDP,许多官员上任伊始就热衷于上马大工程、规划大项目,看似热火朝天,群众则不堪其扰,以至于坊间给一些官员起的外号都和"挖""拆"有关。这样的大型工程项目很多时候脱离了实际需求,严重影响当地发展,大拆大建不仅破坏了城市风貌,毁坏了一些本应该被保护的建筑,同时造成了野蛮拆迁、违法拆迁的现象。

其次,地方债务逐渐陷入泥潭之中。大拆大建需要资金,一些缺乏资金的地方政府就大举借债,然后依靠土地财政解困,不仅透支了未来的发展潜力,而且暗藏多重法律风险。

最后,生态环境污染等问题也和过度追求 GDP 增长有关。凡此种种,都表明唯 GDP 的考核方式是许多政府违法行为或是打着法律擦边球行为的源头所在,与法治政府建设背道而驰。

众所周知,法治政府应是政府从决策到执行及监督的整个过程都纳入法制化轨道,但在 GDP 至上的考核机制压力下,很多时候是"一叶障目不见泰山",再加上当前行政权力运行和监督机制还有待完善,官员追求 GDP 的冲动往往使其置科学的决策程序和必要的论证过程于不顾,违背法治精神、滥用手中权力拍脑门做决定直至付诸于实践,可谓贻害匪浅。

(资料来源:《法制日报》,2013 年 12 月 11 日)

试分析:(1) 为什么地方政府不能过度追求 GDP?

(2) 能否彻底纠正以 GDP 论英雄的倾向?

三、小组讨论

到底要不要核算绿色 GDP

资料一：由华中科技大学国家治理研究院院长欧阳康领衔的"绿色 GDP 绩效评估课题组"与中国社会科学出版社、《中国社会科学》杂志社 2017 年 10 月 11 日在京联合发布《中国绿色 GDP 绩效评估报告（2017 年全国卷）》，该报告以 GDP、人均 GDP、绿色 GDP、人均绿色 GDP、绿色发展指数五个指标，综合呈现了全国内陆 31 个省、自治区、直辖市的绿色发展情况，为全国各地实现绿色发展转型与推进提供了科学支撑。从评估结果看来，浙江、上海、广东、北京、江苏、重庆等省、自治区、直辖市的绿色发展绩效指数居于前列。

（资料来源：光明时政，http：//politics.gmw.cn/2017－10/11/content_26483444.htm）

资料二：中国国家统计局一位官员表示，已放弃引入国民经济产出"绿色核算"的计划。该计划意在计入经济增长的环境成本。这位官员表示："精确计算出根据对环境影响调整后的 GDP 数据，实际上是不可能的。"

3 年前，中国领导人要求国家统计局制定一个"绿色 GDP"指标，用以评估地方官员的政绩。高层的指示是：中国需要一种量化机制来评价官员的工作。然而，在围绕是否引入拟议中"绿色 GDP"指标的争论中，国家统计局的观点与国家环保总局（SEPA）相互对立。国家环保总局认为，"绿色"指标有助于中国评估经济发展在环境方面所付出的代价，也有助于实现可持续增长。但国家统计局一位官员表示，国家环保总局没有意识到其中的复杂性。

作为一种替代方式，国家统计局正着手引进所谓的"绿色会计"，该体系使用流程图来追踪资源的运用情况，得到了联合国的支持。

（资料来源：中国经济网，http：//www.ce.cn/finance/caijingzt/cjgl/zgfqlsgdp/）

请讨论：到底需不需要核算绿色 GDP？用什么方法来核算？

专业拓展能力训练

一、社会调查

请调查本地区近十年来国民收入变动情况并加以说明。(不少于1 000字)

二、资料检索

请根据所学内容,上网查阅我国进入21世纪以来国民收入和物价水平的变化趋势,并寻找两者之间存在的关系。

项目 10

宏观经济现象

学习引导

内容提要	失业和通货膨胀的基本含义;失业种类;失业率以及失业对经济的影响;不同类型通货膨胀及产生原因;通货膨胀对经济的影响;经济周期的定义和类型;经济周期产生的原因;国家经济周期的现状;经济增长与经济发展。
学习重点	失业和通货膨胀对经济的影响;经济增长;经济发展。
学习难点	失业种类;不同类型通货膨胀的产生原因。
学习拓展	奥肯定律;菲尔普斯曲线;不同经济增长模型。

知识认知能力训练

一、填空题

1. 衡量通货膨胀的物价指数一般包括三种,即_____、_____和_____。
2. 非自愿失业包括摩擦性失业、_____和_____。
3. 经济周期可以分为两个阶段和两个转折点,两个阶段是_____和_____。
4. 西方经济学家把经济周期分为四种类型:_____、基钦周期、_____和库兹涅茨周期。
5. 乘数原理考察_____对收入水平的影响程度。边际消费倾向越大,投资引起的连锁反应_____,收入增加得_____,乘数就_____。同样,投资支出的减少,会引起收入以数倍_____。
6. 通货膨胀有利于_____,不利于_____;通货膨胀_____债务人,_____债权人。
7. 供求混合型通货膨胀是由于_____和_____而引起的通货膨胀。
8. 按照价格上升的速度来划分,可以分为_____、奔腾的通货膨胀和

_____。

9. 从总需求的角度来看,需求拉动型通货膨胀源于两大类因素:_____和_____。

10. 凯恩斯认为,周期性失业是由于总需求不足引起的,那么政府可以采取扩张性财政政策,如_____、_____和_____等措施。

二、单项选择题

1. 根据凯恩斯主义的解释,需求拉动型通货膨胀产生的原因是(   )。
   A. 消费的过度增长   B. 利润的过度增加
   C. 工资的过度增长   D. 原材料价格的过度上升

2. 通常由总需求曲线变动而引起的通货膨胀称为(   )。
   A. 需求拉动型通货膨胀   B. 未被预期到的通货膨胀
   C. 成本推动型通货膨胀   D. 被预期到的通货膨胀

3. 下列指标中能更加准确地反映一般物价水平走向的指标是(   )。
   A. CPI   B. PPI   C. GDP 平均指数   D. 国内生产总值

4. 通常由总供给曲线变动而引起的通货膨胀称为(   )。
   A. 需求拉动型通货膨胀   B. 未被预期到的通货膨胀
   C. 成本推动型通货膨胀   D. 被预期到的通货膨胀

5. 通货膨胀率的上升将导致(   )。
   A. 相对价格更具稳定性   B. 相对价格更具变动性
   C. 所有相对价格上升   D. 不变的相对价格

6. 下列选项不属于通货膨胀后果的是(   )。
   A. 相对价格的变化   B. 风险增加
   C. 减少政府税收收入   D. 不确定性增加

7. 经济学家们考察失业问题时,他们首先观察产品市场,而非劳动市场,这是因为(   )。
   A. 总需求的变动通常成为产量变动的原因,后者又成为就业量变动的原因
   B. 总需求的变动通常成为就业量变动的原因,后者又成为总需求变动的原因
   C. 产量的变动通常成为总需求变动的原因,后者又成为就业量变动的原因
   D. 就业量的变动通常成为产量变动的原因,后者又成为总需求变动的原因

8. 非自愿失业是这样一种失业:(   )。
   A. 在衰退时增加,在繁荣时减少
   B. 如果失业者缺乏新创造的工作所需技能,在这种情况下失业会增加
   C. 寻找工作的人放弃觅职的希望时会增加
   D. 发生在工人愿在现行工资水平下工作但不能找到工作时

9. 周期性失业是指(   )。
   A. 由于经济中正常的劳动力流动而引起的失业
   B. 由于总需求不足而引起的短期失业

C. 由于经济中一些难以克服的原因而引起的失业

D. 由于经济中一些制度上的原因而引起的失业

10. 下列选项属于稳定就业举措的是（　　）。
    A. 控制通货膨胀　　　　　　　　B. 减少总需求
    C. 增加转移支付　　　　　　　　D. 进行职业培训

11. 下列表述正确的是（　　）。
    A. 在任何情况下，通货膨胀对经济的影响都很小
    B. 在通货膨胀可以预期的情况下，通货膨胀对经济的影响也很大
    C. 在通货膨胀不能预期的情况下，通货膨胀有利于雇主而不利于工人
    D. 在任何情况下，通货膨胀对经济的影响都很大

12. （　　）指某一主体在生产和消费活动中对其他主体造成伤害。
    A. 失业问题　　B. 外部负效应　　C. 竞争失效　　D. 道德风险

13. 经济学家认为，利润推动的通货膨胀的根源在于（　　）。
    A. 工会的垄断　　　　　　　　　B. 市场的完全竞争性
    C. 企业的垄断　　　　　　　　　D. 进口的原材料价格上升

14. 由于工资提高而引起的通货膨胀是（　　）。
    A. 需求拉动型通货膨胀　　　　　B. 供给推动的通货膨胀
    C. 供求混合推动的通货膨胀　　　D. 结构性通货膨胀

15. 在通货膨胀不能完全预期的情况下，通货膨胀将有利于（　　）。
    A. 债务人　　B. 债权人　　C. 在职工人　　D. 离退休人员

16. 下列各选项中的两种情况不可能同时发生的是（　　）。
    A. 结构性失业与成本推动型通货膨胀
    B. 需求不足性失业与需求拉动型通货膨胀
    C. 摩擦性失业与需求拉动型通货膨胀
    D. 失业和通货膨胀

17. 以下政策不能降低失业率的是（　　）。
    A. 减少失业津贴　　　　　　　　B. 建立就业机构
    C. 提高最低工资　　　　　　　　D. 建立员工培训计划

18. 失业率是指（　　）。
    A. 失业人口占劳动人口的百分比　B. 失业人数占人口总数的百分比
    C. 失业人数占就业人数的百分比　D. 以上均正确

19. 充分就业的含义是（　　）。
    A. 人人都有工作，没有失业者　　B. 消灭了周期性失业的就业状态
    C. 消灭了自然失业的就业状态　　D. 消灭了非自愿失业的就业状态

20. 引起周期性失业的原因是（　　）。
    A. 工资刚性　　　　　　　　　　B. 总需求不足
    C. 经济中劳动力的正常流动　　　D. 经济结构的调整

21. 如果通货膨胀没有被预料到，那么受益者将是（　　）。
    A. 雇员　　　　　　　　　　　　B. 债权人

        C. 退休金领取者　　　　　　　　D. 债务人
22. 当经济学家们谈及通货膨胀税时,他们指的是(　　)。
        A. 在通货膨胀时期生产率的提高
        B. 作为通货膨胀后果之一的货币价值的下降
        C. 通货膨胀时期税收趋于上升的现象
        D. 作为通货膨胀后果之一的价格变动的代价
23. 朱格拉周期一般指波动周期在(　　)之内的经济周期。
        A. 50～60年　　B. 9～10年　　C. 3～4年　　D. 约20年
24. 经济增长的充分条件是(　　)。
        A. 技术进步　　　　　　　　　　B. 国内生产总值的增长
        C. 国民收入的增长　　　　　　　D. 制度和思想意识的调整和变革
25. 经济增长所不包含的因素是(　　)。
        A. 技术进步　　　　　　　　　　B. 国内生产总值的增长
        C. 自由　　　　　　　　　　　　D. 制度和思想意识的调整和变革

三、多项选择题

1. 下列选项属于需求拉动型通货膨胀的有(　　)。
        A. 由于货币供给增加导致的通货膨胀　　B. 由于工资增加所导致的通货膨胀
        C. 由于利润增加所导致的通货膨胀　　　D. 由于需求增加所导致的通货膨胀
2. 自然失业率是指(　　)。
        A. 除了自愿失业以外的失业率　　　　　B. 消除了非自愿失业的失业率
        C. 充分就业状态下的失业率　　　　　　D. 潜在国民收入水平时的失业率
3. 根据经济波动周期理论,经济周期按波动时间的长短划分有(　　)。
        A. 康德拉耶夫周期　　　　　　　B. 朱格拉周期
        C. 基钦周期　　　　　　　　　　D. 古典型周期
4. 下列理论属于内生经济周期理论的有(　　)。
        A. 投资过度理论　　　　　　　　B. 心理理论
        C. 政治性周期理论　　　　　　　D. 创新理论
5. 经济增长的源泉主要有(　　)。
        A. 人力资本　　B. 自然资源　　C. 技术　　D. 资本
6. 自然失业率上升的主要原因有(　　)。
        A. 劳动力供求状态　　　　　　　B. 劳动力结构的变化
        C. 政府政策的影响　　　　　　　D. 结构性因素的影响
        E. 经济的周期性波动
7. 按照价格上涨幅度加以区分,通货膨胀包括(　　)。
        A. 温和的通货膨胀　　　　　　　B. 奔腾的通货膨胀
        C. 平衡式通货膨胀　　　　　　　D. 非平衡式通货膨胀

E. 恶性的通货膨胀
8. 经济发展的基本理念包括(　　)。
   A. 基本需要　　　B. 自尊　　　　C. 自由　　　　D. 技术进步
9. 充分就业允许存在的失业有(　　)。
   A. 摩擦失业　　　B. 自然失业　　C. 自愿失业　　D. 非自愿失业
10. 降低自然失业率的措施包括(　　)。
    A. 建立和完善职业培训制度　　　B. 建立多种就业服务机构
    C. 完善失业救济制度　　　　　　D. 增加投资以促进就业

四、判断题

1. 通货膨胀是日常用品的价格水平的持续上涨。(　　)
2. 投资增加会诱发成本推动型通货膨胀。(　　)
3. 经济发展是一个社会向着更加美好和更加人道的生活的持续前进。(　　)
4. 自愿失业可以通过经济手段或者政策加以消除。(　　)
5. 在市场经济条件下,政府实施工资价格指导或工资价格管制,能使通货膨胀率降低,因此这个政策是成功的。(　　)
6. 当出现需求拉动型通货膨胀时,国家货币当局可以增加货币供给量来抑制它。(　　)
7. 20世纪70年代石油危机期间,石油价格急剧上涨,而以进口石油为原料的西方国家的生产成本也大幅度上升,从而引起通货膨胀。(　　)
8. 通货膨胀会对就业和产量产生正效应,而且是无代价的。(　　)
9. 市场经济在任何情况下都能充分有效地发挥资源的配置作用。(　　)
10. 外生经济周期理论是错误的,而内生经济周期理论是正确的。(　　)
11. 当某一经济社会处于经济周期的扩张阶段时,总需求逐渐增长但没有超过总供给。(　　)
12. 经济周期曲线的顶峰是繁荣阶段过渡到萧条阶段的转折点。(　　)
13. 经济周期在经济中是不可避免的。(　　)
14. 只要有技术进步,经济就可以实现持续增长。(　　)
15. 圣诞节前市场活动的繁荣不能称为经济的周期性波动。(　　)

五、简答题

1. 什么是结构性失业?产生的原因是什么?

2. 降低失业率的措施有哪些?

3. 通货膨胀产生的原因有哪些？

4. 经济发展的基本理念是什么？

5. 简述经济增长与经济发展的区别和联系。

专业运用能力训练

一、计算题

已知某国的情况如下：人口 2 500 万，就业人数 1 000 万，失业人数 100 万。
求：(1) 该国的劳动力人数是多少？
(2) 该国的失业率是多少？
(3) 如果摩擦性失业和结构性失业人数为 60 万，自然失业率是多少？
(4) 在实现了充分就业时，该国应该有多少人就业？
(5) 如果在失业人口中有 10 万人是由于嫌工作不好而不愿就业，那么真正的失业率应该是多少？

二、案例分析

案例1　美国2022年1月新增就业46.7万人，失业率为4.0%

美国劳工部2022年2月4日发布数据称，美国2022年1月非农部门新增就业46.7万人，失业率环比上升0.1个百分点，至4.0%。

在新冠疫情严重反弹的背景下，美国就业市场在新年的数据表现要好于预期。美联社认为，美国1月份就业增长"出乎意料"，这表明企业在疫情之下仍有招工意愿，对经济的长期增长保持信心。

美国劳工部表示，美国失业人数在过去一年减少了370万，截至1月的失业总人数为650万，这仍高于新冠疫情前水平。2020年2月，美国失业总人数为570万，失业率为3.5%。数据显示，休闲和酒店业、专业和商业服务、零售业以及运输和仓储业助推了美国1月份的就业增长，其中休闲和酒店业新增就业15.1万人。

《华盛顿邮报》表示，尽管奥密克戎毒株对就业市场的干扰没有预想的严重，但美国今年经济复苏的前景将更加复杂，高通胀、供应链问题等将持续影响美国消费者的信心。同时，由于缺少了去年的大规模财政刺激、防疫举措等因素，2022年的美国经济和就业增长预计会降温，美国经济将更加依赖于供应链的复苏，劳动参与率将成为就业增长的关键因素。

（资料来源：中国新闻网，https://baijiahao.baidu.com/s?id=17238503126506115667&wfr=spider&for=pc）

试分析：（1）从美国失业率数据我们能够看到美国经济的哪些方面？

（2）影响失业率的因素有哪些？

案例 2　土耳其通胀率飙升至近 79%，创下近 24 年来新高

受俄乌冲突、大宗商品价格飙升以及 2021 年 12 月以来经济宽松政策带来的里拉贬值等多重因素影响，土耳其 2022 年 6 月的年度通胀率已跃升至 78.62%，创下了自 1998 年以来的最高值。

最新数据显示，2022 年 6 月土耳其消费者价格上涨 4.95%，土耳其全年居民消费价格涨幅预计将为 78.35%。与此同时，6 月土耳其国内生产者价格指数（PPI）环比上涨 6.77%，同比上涨 138.31%。土耳其统计局（TUIK）的数据显示，6 月消费者价格上涨的主要原因在于交通运输价格以及食品和非酒精饮料价格的飙升，其增长速度分别为 123.37% 和 93.93%。这样高的通胀率也创下了自 1998 年 9 月以来的最高值，当时土耳其的年通胀率达到了惊人的 80.4%。

土耳其在 2022 年 6 月的高通胀率除了源于年初俄乌冲突，以及随之而来的大宗商品价格上涨等外部经济因素影响之外，也和 2021 年秋天土耳其总统埃尔多安为促进经济增长而实行的宽松政策有着很大的联系。自从土耳其央行将政策利率逐步下调 500 个基点至 14% 后，里拉遭遇大幅度贬值，通货膨胀飙升也随之而来。报道称，可以说是国际和国内层面的双重影响，进一步加剧了土耳其如今的通货膨胀。

土耳其总统埃尔多安表示，他预计土耳其的通胀将在 2022 年 2 月至 3 月降至"适当"水平。尽管已经加息，土耳其央行仍将基准利率稳定在 14%，并表示通胀率将在 2022 年底降至 42.8%。

土耳其反对党议员和经济学家则质疑土耳其统计局公布数据的可靠性及其做出的声明。民意调查的结果显示，土耳其人普遍认为真实的通货膨胀率远高于官方公布的数据。土耳其最新的通胀调查则预计到 2022 年底，该国通胀率可能将降至略低于 70% 的水平。而里拉兑美元的汇率继 2021 年下跌 44% 后，2022 年也已经累计下跌 21%，贬值速度依然维持在高位。

（资料来源：澎湃新闻，https://www.163.com/dy/article/HBHUMAV40514R9P4.html）

试分析：（1）土耳其的通货膨胀率为什么居高不下？

（2）通货膨胀对经济有什么影响？

（3）降低通货膨胀率的措施有哪些？

三、小组讨论

随着市场经济体制的确立,我国已经历了五个较为完整的经济周期:1977—1981 年为第一周期;1981—1986 年为第二周期;1986—1990 年为第三周期;1990—1999 年为第四周期;1999—2008 年为第五周期。在这 30 多年的经济运行过程中,我国经济周期波动大致表现为以下几个方面(表 10-1):

第一,经济增长力度大,但增长势头趋于平稳。

1976—1999 年我国 GDP 平均增长速度为 17%,经济增长势头猛、波动剧烈。但从总体上看,经济波动升降的振幅逐渐趋向平稳,大起大落的矛盾有所缓和。

表 10-1 改革开放以来我国经济周期波动分析表　　　　　　单位:%

序 列	平均增长速度	峰谷落差	平均落差	平均波动强度指数
第一周期	111.70	40.11	6.68	63.82
第二周期	117.82	16.12	3.22	95.75
第三周期	115.74	15.10	3.78	95.59
第四周期	125.68	18.04	3.01	142.78
第五周期	133.76	20.64	2.96	152.37

从表 10-1 可以看出,我国经济增长虽然保持了迅猛的增长势头,但经济周期波动的平均落差明显下降,最近一个经济周期的平均增长速度是五个经济周期中最快的,但其波动的平均落差不足第一个经济周期波动的 50%,与以往经济周期波动相比经济波动的振幅明显下降,经济发展中的稳定增长趋势日趋明显。而且在我国历次经济周期波动中,平均波动强度指数是稳步上升的,这充分说明了我国经济增长的强劲势头。

第二,经济周期波动的长度的趋势走向明显不规则。

从表 10-1 可以看出,我国经济周期波动的长度不一:第一周期为 4 年;第二周期为 5 年;第三周期为 4 年;第四周期为 9 年,第五周期为 9 年。

第三,我国宏观经济的典型波动由改革开放前的古典波动转变为改革开放以来的增长波动,经济周期波动的性质发生了根本变化。这种变化是与增长位势提高、波动幅度降低密切相关的。1976 年以前,我国经济处于古典周期占主导地位的阶段,经济衰退是严格意义上的经济负增长。1976 年以来,我国经济开始转入增长周期占主导地位的阶段,在这个阶段经济衰退是增长速度放慢,经济实质增长已作为宏观经济波动的主旋律。

第四,宏观经济增长波动的扩张动力由改革前的"中央计划扩张冲动"转变为改革开放以来的"多元主体扩张冲动",而收缩动力则由改革前的"数量短缺约束迫使宏观被动调整、微观积极响应"转变为改革开放以来的"宏观积极调整、通货膨胀迫使微观被动调整"格局。经济波动扩张、收缩机制的这种变动,是与改革开放以来利益激励机制强化、决策主体多元化、软约束竞争等变动相一致的。中、微观主体在利益驱使、预算软约束的背景下开始了软约束无序竞争,而宏观主体则开始积极争取改革、发展、稳定的合理均衡。

第五,我国宏观经济波动在改革开放前主要表现为数量短缺程度的强幅波动,而在改革开放以来则主要表现为价格的强幅波动,价格信号开始代替数量短缺信号在波动的信息传递方面发挥作用。

（资料来源：黄涛,《对改革开放以来我国经济周期的分析》,《调研世界》,2011年第10期）

试讨论：（1）我国经济增长是否符合经济增长规律和经济周期理论？

（2）对2008年以来我国经济周期做出判断,并提出具体的对策。

专业拓展能力训练

分小组了解本地区的失业状况,分析造成失业的原因并制作PPT加以说明。

项目 11

宏观经济政策

学习引导

内容提要	宏观经济政策的理论基础;宏观经济政策的目标与工具;宏观财政政策的定义和内容;财政政策工具;货币银行学基本知识;货币政策工具。
学习重点	宏观经济政策的目标的相互关系;银行货币创造功能;如何有效地运用符合经济现状的宏观经济政策。
学习难点	内在稳定器和一般性货币政策工具的作用;宏观货币政策和宏观财政政策的合理运用。
学习拓展	货币政策和财政政策对宏观经济环境的影响。

知识认知能力训练

一、填空题

1. 如果市场利率低于均衡利率,则说明货币需求_____货币供给,人们感到手中持有的货币_____;人们就会_____有价证券,导致利率的_____。

2. 当利率极低时,人们就会将全部的有价证券换成货币,即使有人有货币也绝不会去买有价证券,以免有价证券价格下跌时遭受损失,人们不管有多少货币都持有在手中,这种现象被称为_____,又被称为_____。

3. 宏观经济政策是指政府或国家为了_____、改进国民经济的运行状况、达到一定的政策目标而有意识和有计划地运用一定的政策工具而制定的解决经济问题的指导原则和措施。其理论依据是凯恩斯主义的_____理论。

4. 凯恩斯认为:有效需求不足是由_____、资本边际效率递减规律和_____这三大心理规律引起的。

5. 宏观经济政策的目标主要有_____、物价稳定、_____和国际收支平衡四个。

6. 需求管理的目的是通过对总需求的调节实现_____与_____的均衡,达到既无_____又无_____的目标。

7. 供给管理政策包括_____、_____、改善劳动力市场状况的人力政策以及_____等方面。

8. 中央银行是_____银行,是银行的银行,国家的银行,是宏观货币政策的_____和_____。

9. 货币的需求是由_____、_____和_____三者共同决定的,是这三者的总和,其中,货币的_____取决于利率并与利率呈反方向变化。

10. 货币政策一般分为_____和_____两种类型。_____货币政策是通过增加货币供给来带动总需求的_____。紧缩性货币政策是通过减少货币供给来抑制总需求的_____。

11. 一般性货币政策工具包括_____、_____和_____。

12. 经济增长政策包括_____、_____、_____和增加劳动力数量与质量政策。

13. 凯恩斯认为,财政政策应该为实现_____服务,因此,_____不仅是必要的,而且也是可能的。

14. 政府支出是指整个国家中各级政府支出的总和。按支出方式分为_____和_____。

15. 财政政策是国家干预经济的主要政策之一,政府通过不同的财政政策来控制失业和_____,实现经济稳定增长和_____。

二、单项选择题

1. 下列选项属于紧缩性财政政策工具的是(　　)。
   A. 减少政府支出和增加税收　　B. 减少政府支出和减少税收
   C. 增加政府支出和减少税收　　D. 增加政府支出和增加税收

2. 政府支出中的转移支付的增加可以(　　)。
   A. 增加投资　　B. 减少投资　　C. 增加消费　　D. 减少消费

3. 要实施扩张型的财政政策,可采取的措施有(　　)。
   A. 提高税率　　　　　　　　　B. 减少政府购买
   C. 增加财政转移支付　　　　　D. 降低再贴现率

4. 如果中央银行采取扩张性的货币政策,可以(　　)。
   A. 在公开市场买入债券,以减少商业银行的准备金,促使利率上升
   B. 在公开市场卖出债券,以增加商业银行的准备金,促使利率下跌
   C. 在公开市场买入债券,以增加商业银行的准备金,促使利率下跌
   D. 在公开市场卖出债券,以减少商业银行的准备金,促使利率上升

5. 下列效应使物价水平的变动对投资产生反方向影响的是(　　)。
   A. 财产效应　　B. 利率效应　　C. 汇率效应　　D. 乘数效应

6. M_1意义上的货币供给包括(　　)。
   A. 通货和活期存款
   B. 通货和辅币

C. 活期存款和定期存款

D. 活期存款、大额定期存款和定期存款协议

7. 下列情况属于挤出效应的是( )。

A. 货币供给的下降使利率提高,从而挤出了对利率敏感的私人支出

B. 私人部门税收的增加引起私人部门可支配收入和支出的下降

C. 政府支出增加使利率提高,从而挤出了私人部门的支出

D. 政府支出的下降导致消费支出的下降

8. 以下四种政策工具,属于需求管理的是( )。

A. 收入政策　　B. 人力政策　　C. 货币政策　　D. 指数化政策

9. 中央银行提高再贴现率会导致( )。

A. 货币供给量的增加和利率提高　　B. 货币供给量的减少和利率提高

C. 货币供给量的增加和利率降低　　D. 货币供给量的减少和利率降低

10. 中央银行有多种职能,只有( )不是其职能。

A. 制定货币政策　　　　　　　B. 为成员银行保存储备金

C. 发行货币　　　　　　　　　D. 为政府赚钱

11. 降低准备金率意味着( )。

A. 经济过度繁荣　　　　　　　B. 经济比较萧条

C. 与经济增长无关　　　　　　D. 以上几种情况都存在

12. 中央银行在公开市场上卖出政府债券的目的是( )。

A. 收集一笔资金帮助政府弥补财政赤字

B. 减少商业银行在中央银行的存款

C. 减少流通中基础货币以紧缩供给,提高利率

D. 通过买卖债券获取差价利益

13. 中央银行在公开市场上买进政府债券将使( )。

A. 银行存款减少　　　　　　　B. 市场利率上升

C. 公众手里的货币增加　　　　D. 以上都不是

14. ( )具有货币创造功能。

A. 金融公司　　B. 企业　　　C. 商业银行　　D. 中央银行

15. 中央银行最常用的选择性货币政策工具是( )。

A. 法定准备金率　　　　　　　B. 公开市场业务

C. 再贴现率　　　　　　　　　D. 道义劝告

16. 中央银行变动货币供给可通过( )。

A. 变动法定准备金率以变动货币乘数

B. 变动再贴现率以变动基础货币

C. 公开市场业务以变动基础货币

D. 以上都是

17. 一般来说,国家运用货币政策调节经济的机构是( )。

A. 中央银行　　B. 商业银行　　C. 财政部　　D. 金融中介机构

18. 政府支出中的转移支付的增加可以( )。
    A. 增加投资 B. 减少投资 C. 增加消费 D. 减少消费
19. 政府公布最低工资标准属于供给管理政策中的( )。
    A. 指数化政策 B. 人力资源政策
    C. 经济增长政策 D. 收入政策
20. 当经济中存在失业时,所采用的货币政策工具是( )。
    A. 在公开市场上买进有价证券 B. 提高贴现率并严格贴现条件
    C. 提高准备金率 D. 在公开市场上卖出有价证券
21. 中央银行对商业银行规定最高贷款限额属于( )。
    A. 公开市场业务 B. 变动法定准备金率
    C. 金融检查 D. 行政干预
22. 对利率变动反应最敏感的是( )。
    A. 货币的交易需求 B. 货币的谨慎需求
    C. 货币的投机需求 D. 三种货币需求的敏感程度相同
23. 货币的供应量的大小与( )无关
    A. 货币的供给 B. 货币的需求 C. 利率 D. 以上三者
24. 充分就业除了指消除了非自愿失业状态的情况外,还包括( )。
    A. 劳动力这种生产要素能够接受现行工资并全部用于生产
    B. 各种生产要素能够接受现行价格但不是全部用于生产
    C. 各种生产要素可以通过价格协商全部用于生产
    D. 各种生产要素能够接受现行价格并全部用于生产
25. 下列宏观经济目标中存在着互补关系的是( )。
    A. 物价稳定与充分就业 B. 充分就业与经济增长
    C. 物价稳定与经济增长 D. 以上三个都是
26. 一国国际收支的状况主要取决于( )。
    A. 该国能够获得贸易顺差
    B. 该国资本的流入流出状况
    C. 该国商品和劳务的进出口状况
    D. 该国商品和劳务的进出口状况以及资本的流入流出状况

三、多项选择题

1. 下列各项属于内在稳定器的有( )。
    A. 政府购买 B. 税收
    C. 政府转移支付 D. 政府公共工程支付
    E. 以上说法均正确.
2. 在经济过热时,政府应该( )。
    A. 减少政府财政支出 B. 增加财政支出

C. 增加税收	D. 减少税收
E. 减少货币供给量

3. 下列各项属于转移支付的有（　　）。
   A. 退伍军人津贴	B. 失业救济金
   C. 贫困家庭补贴	D. 退休人员的退休金
   E. 以上答案都不对

4. 假设货币政策保持不变，当政府只采取扩张性的财政政策时，从内部需求看，政府支出增加会导致（　　）。
   A. 国民收入增加	B. 就业机会减少
   C. 失业减少	D. 总需求增加
   E. 以上说法均正确

5. 宏观经济政策工具中，供给管理包括（　　）。
   A. 税收政策	B. 指数化政策	C. 对外贸易政策	D. 汇率政策
   E. 促进经济增长政策

6. 下列各项政策措施，属于财政政策手段的有（　　）。
   A. 发行国债	B. 调控利率	C. 财政补贴	D. 转移支付
   E. 以上说法均正确

7. 为刺激需求而采取的扩张性的财政政策主要运用（　　）等手段。
   A. 发行政府债券	B. 提高央行对金融机构的再贴现率
   C. 降低央行对金融机构的再贷款率	D. 增加财政支出
   E. 增加税收

8. 财政支出的政策工具包括（　　）。
   A. 税收	B. 公债	C. 政府购买	D. 转移支付
   E. 政府投资

9. 流动偏好陷阱一般出现在（　　）。
   A. 利率极高时	B. 利率极低时
   C. 与利率无关	D. 货币保持在持有人手中时
   E. 持有人买入有价证券时

10. 经济萧条时，政府应该采取的财政政策是（　　）。
    A. 增加政府购买支出	B. 减少政府财政支出
    C. 增加税收	D. 减少税收
    E. 增加转移支付

11. 在现代银行制度中，银行具有货币创造的功能主要是因为（　　）。
    A. 商业银行必须保留一部分准备金	B. 中央银行规定了法定准备金率
    C. 中央银行必须保留一部分准备金	D. 中央银行可以卖出国债
    E. 以上四个都对

12. 假如中央银行在公开市场上大量购买政府债券，会出现的情况有（　　）。
    A. 利息率下降	B. 储蓄减少	C. 收入增加	D. 投资增加
    E. 储蓄增加

13. 中央银行再贴现率的变动成了货币当局给银行界和公众的重要信号:(　　)。
    A. 再贴现率下降表示货币当局扩大货币和信贷供给
    B. 再贴现率下降表示货币当局减少货币和信贷供给
    C. 再贴现率上升表示货币当局扩大货币和信贷供给
    D. 再贴现率上升表示货币当局减少货币和信贷供给
    E. 表示政府采取旨在使收入分配公平的政策
14. 在经济萧条时期,政府实施货币政策时,应采取的措施有(　　)。
    A. 增加商业银行的准备金　　　　B. 中央银行在公开市场卖出政府债券
    C. 降低存款准备率　　　　　　　D. 降低再贴现率
    E. 提高存款准备率和再贴现率
15. 财政政策与货币政策有很多不同之处,下列描述正确的有(　　)。
    A. 实施政策的主体不同　　　　　B. 不都以货币形态的经济总量测度
    C. 传导过程的差异　　　　　　　D. 政策手段不同

四、判断题

1. 需求管理的目的是通过对总需求的调节实现总需求与总供给的均衡,达到既无失业又无通货膨胀的目标。(　　)
2. 宏观经济政策目标之间是互补的,不存在矛盾之处。(　　)
3. 资本边际效率递减规律是指在其他条件不变的情况下,随着资本品的增加,资本边际效益呈现递减的趋势。(　　)
4. 货币的需求是人们愿意在手头上保存货币的需求,又称为"流动性偏好"。(　　)
5. 货币的需求中,交易需求与谨慎需求与国民收入呈反方向变动。(　　)
6. 财政政策指政府或中央银行为影响经济活动所采取的控制货币供给以及调控利率的各项措施。(　　)
7. 公开市场业务是最重要的一种货币政策工具。(　　)
8. 扩张型货币政策是通过减少货币供给来抑制总需求的增长。(　　)
9. 再贴现率是指中央银行以法律形式规定的商业银行将其吸收存款的一部分上缴中央银行作为准备金的比率。(　　)
10. 在经济萧条时期,政府就要运用扩张性的货币政策。在繁荣时期,政府就要运用紧缩性的货币政策。(　　)
11. 退役士兵的补助金属于政府购买支出。(　　)
12. 赤字财政政策是指通过增税而增加国家的财政收入,减少企业和个人的可支配收入,刺激社会总需求,或通过发行国债扩大政府财政支出的规模,来扩大社会需求的政策。(　　)
13. 政府的公债利息不属于政府预算支出。(　　)
14. 货币需求函数可以表现为 $L=L_1+L_2=L_1(Y)+L_2(r)=hY-kr$。(　　)
15. 从市场经济的运行角度看,货币定义是不同的,其流动性也会有差异,其中 M_0 的

流动性最强。（　　）

五、简答题

1. 什么是相机抉择的财政政策？

2. 什么是扩张性财政政策？在这种政策下总需求、利率和国民收入如何变化？

3. 什么是内在稳定器，它如何发挥作用？

4. 简述货币供求均衡的基本内容。

5. 一般性货币政策工具有哪些？它们如何调节货币总量？

6. 简述货币政策的传导机制。

专业运用能力训练

一、案例分析

美国财政政策的实践

20 世纪 60 年代,肯尼迪总统采用凯恩斯主义经济学的观点,使财政政策成为美国对付衰退和通货膨胀的主要武器之一。肯尼迪总统提出削减税收来帮助经济走出低谷。这些措施实施以后,美国经济开始迅速增长。但是,减税再加上 1965—1966 年在越战中财政扩张的影响,又使得产出增长过快,超过了潜在水平,于是通货膨胀开始升温。为了对付不断上升的通货膨胀,并抵消越战所增开支的影响,1968 年国会批准开征了一项临时性收入附加税。不过,在许多经济学家看来,这项税收增加的政策力度太小、也太迟了一些。

20 世纪 80 年代美国是另一个典型例子。1981 年国会通过了里根总统提出的一揽子财政政策计划,包括大幅度降低税收,大力扩张军费开支,而同时并不削减民用项目。这些措施将美国经济从 1981—1982 年的严重衰退中拯救出来,并进入 1983—1985 年的高速扩张。

克林顿总统一上台,就面临着一个两难困境:一方面高赤字依然顽固地存在着;另一方面经济不景气且失业率高得让人难以接受。总统必须决定财政政策应从何处着手,是应该先处理赤字,通过增加税收、降低支出来增加公共储蓄,进而靠储蓄水平提高来带动国民投资的增长呢?还是应该关注财政紧缩会减少并排挤投资,而税收增加和支出的减少又会降低产出?最后,总统还是决定优先考虑削减财政赤字。1993 年预算法案决定,在其后 5 年中落实减少赤字 1 500 亿美元的财政举措。

(资料来源:萨缪尔森著,萧琛译,《经济学》,人民邮电出版社 2004 年版)

试分析:(1)什么是财政政策?

(2)根据上面的资料,说明利用财政政策对付经济衰退的手段有哪些。

(2)财政政策实施中有哪些制约因素?

二、小组讨论

2022年4月,多地地方政府一般公共预算收入出现明显下滑,这引起市场的普遍关注。5月17日,在"中国这十年"系列主题新闻发布会上,财政部许副部长回应称,4月份财政收入增幅有所回落,这主要是各级财税部门加大力度落实党中央、国务院减税退税政策的一个反映,是积极财政政策应对经济下行压力的主动作为,通过财政收入的减法,换来企业效益的加法和市场活力的乘法。

许副部长表示,2022年全年退税减税大概是2.5万亿元,其中新增的增值税留抵退税是1.5万亿元,这一方面是有力地支持企业减负纾困,另一方面也会造成财政收入的减少。留抵退税在账务上是通过冲减收入来处理的,不是通过财政补贴、财政支出的增加来实施的。2022年4月是大规模增值税留抵退税实施首月,国家税务总局数据显示,4月份新的增值税留抵退税规模高达8 015亿元。这意味着全国财政减收8 015亿元。他还表示,除了留抵退税外,2022年其他减税降费还有1万亿元,还有缓税等举措,也会对前4个月的财政收入造成影响。

多位财税专家表示,除增值税留抵退税等政策性减收是导致4月财政收入下滑一个很重要的原因外,财政收入增长放缓跟经济下行压力加大也直接相关,尤其是一些地方疫情扩散,为防控疫情部分企业停工停产,居民隔离在家,导致收入明显下滑。

许副部长表示,增值税留抵退税等会造成地方财力的减少,对这部分减少,中央财政通过转移支付予以弥补,基本弥补到位,2022年中央财政加大对地方转移支付力度,中央对地方转移支付约9.8万亿元,比上年增加近1.5万亿元,增长18%,创近年新高。其中单独设置了支持基层落实减税降费和重点民生等转移支付0.8万亿元,地方的财力能够得到有效保障。

许副部长表示,我国经济稳中向好、长期向好的基本面没有改变,随着统筹疫情防控和经济社会发展成效的显现,财政收入也将会稳步回升。下一步,财政部将继续深入贯彻党中央、国务院关于退税减税决策的部署,财政政策靠前发力,用好政策工具箱,打足提前量,为稳定宏观经济大盘出力,促进经济运行在合理区间。

(资料来源:和讯新闻,http://news.hexun.com/2022-05-18/205964774.html)

请讨论:(1)如何理解减税退税政策是积极财政政策应对经济下行压力的主动作为?

(2)留抵退税政策会对国家财政、地方政府的财政和普通民众带来什么影响?

专业拓展能力训练

一、社会调查

请走访当地的财政部门,对本地区近 20 年来的政府转移支付做一个调查,分析 20 年来转移支付的实施情况。写出分析报告。(不少于 1 500 字)

二、资料检索

请上网查阅 21 世纪以来我国宏观政策的变化,试将不同时期的政策与当时的社会经济环境联系起来进行分析,找出其中的规律,要有背景资料、过程描述及分析的具体问题。

项目 12

开放经济

学习引导

内容提要	国际贸易的基本概念;关税和非关税壁垒;世界贸易组织相关内容;汇率的相关基本概念;外汇汇率的相关应用及计算;影响汇率的因素;汇率制度及其对经济的影响。
学习重点	国际贸易的基本概念;国际贸易政策措施;汇率对经济的影响。
学习难点	汇率的计算;汇率制度及其对经济的影响。
学习拓展	国际贸易理论的介绍;人民币汇率制度的历史沿革以及人民币自由兑换可能带来的影响。

知识认知能力训练

 一、名词解释

1. 当出口额与进口额相等时,称为_____;当出口额大于进口额时,称为_____或贸_____,也称_____;当进口额大于出口额时,称为_____或_____,也称_____。
2. 按商品的形式,可将国际贸易划分为_____和_____。
3. 对外贸易依存度又称为_____,是指_____。
4. 绝对成本理论的提出者是英国古典经济学家_____,其代表作是《_____》。
5. 相对成本理论,也称为_____,是由英国古典经济学家_____提出的,其代表作是《_____》。
6. 要素禀赋是指_____。
7. 按照对不同生产要素的依赖程度,可以将产业或产品分为_____、_____、_____、_____。

8. 世界贸易组织简称_____，总部设在瑞士_____，其前身是_____。

9. 世贸组织的基本原则包括_____、_____、_____和_____。

10. 世贸组织的最高权利机构是_____，每____年举行一次。

11. 根据商品的流向，关税分为_____、_____和_____。

12. 根据计税标准，关税可以分为_____、_____、_____和_____。

13. 常见的非关税壁垒措施有_____、_____、_____等。

14. 鼓励出口政策包括_____、_____和出口补贴。

15. 外汇必须同时满足两个条件：其一是_____，其二是_____。

16. 汇率实质上是指_____。当以一种或所有其他货币表示的某种货币的价格下降时，称为_____；而以另一种货币表示的一种价格的上升称为_____。

17. 汇率的标价方法有_____和_____。

18. 各国实行的汇率制度可分为两种类型：_____和_____，我国实行的是_____。

二、单项选择题

2018年3月26日，银行间外汇市场美元等交易货币对人民币汇率的中间价为1美元对人民币6.312元。2008年3月29日，银行间外汇市场美元等交易货币对人民币汇率的中间价为1美元对人民币6.2921元。回答第1题和第2题。

1. 美元对人民币汇率的变化表明(　　)。
   A. 美元汇率升高，人民币贬值　　B. 美元汇率降低，人民币升值
   C. 人民币汇率降低，人民币贬值　　D. 人民币汇率升高，人民币贬值

2. 人民币汇率发生上述变化(　　)。
   ① 我国的对外贸易水平会降低　② 将对我国商品的出口带来有利影响　③ 以美元兑换人民币的价格将会降低　④ 将不利于我国出口产品结构的优化
   A. ①②③　　B. ②③④　　C. ①③④　　D. ①②④

3. 2008年底召开的国务院常务会议决定，对广东和长江三角洲地区与港澳地区、广西和云南与东盟的货物贸易进行人民币结算试点。2009年4月初，国务院常务会议进一步决定，在上海和广州、深圳、珠海、东莞等5城市开展跨境贸易人民币结算试点。目前，在港澳台地区及周边一些国家，人民币被越来越多的商家所接受。这一现象的出现(　　)。
① 有利于推进亚洲经济的一体化　② 有利于加快人民币国际化的步伐，提升人民币

国际话语权 ③ 有利于扩大人民币的国际影响力 ④ 表明人民币已经具有国际储备的职能

  A. ①②④   B. ①②③   C. ②③④   D. ①③④

4. 人民币升值对我国经济产生的不利影响是（ ）。

① 阻碍我国商品的出口贸易   ② 加剧我国的就业压力   ③ 直接导致物价全面上涨   ④ 会增加国外资金对我国国内市场的投资

  A. ①②   B. ②③   C. ③④   D. ①④

5. 保持人民币汇率在合理、均衡水平上的基本稳定，有利于（ ）。

① 实现扩大就业，安定人民生活   ② 促进国民经济又好又快发展   ③ 实现国际收支平衡   ④ 世界经济的稳定

  A. ①②④   B. ①②③   C. ②③④   D. ①②③④

6. 汇率是指（ ）。

  A. 用外汇表示的用于国际间结算的支付手段

  B. 两种货币之间的兑换比率

  C. 两种商品之间的交换比率

  D. 外国货币

7. 阅读 2009 年 2 月 5 日和 2009 年 4 月 3 日 100 外币对人民币的汇价表：

外币(100)	2009 年 2 月 5 日 中间价（人民币）	2009 年 4 月 3 日 中间价（人民币）
美元	683.60	682.136
欧元	875.93	913.629
日元	7.649 1	6.839

上述人民币汇率的变化会造成的影响是（ ）。

  A. 有利于美国对中国进口，不利于中国对欧洲出口

  B. 有利于中国对欧洲出口，不利于中国对日本出口

  C. 有利于中国扩大对欧洲和日本的出口

  D. 有利于中国扩大对欧洲和日本的进口

8. 主张限制进口、奖励出口，以有利于本国生产厂商发展的政策是（ ）。

  A. 重商主义政策   B. 贸易自由政策

  C. 进口导向政策   D. 保护贸易政策

9. 在中国某些风景点上，外国旅游者的门票价格高于国内旅游者，这种政策不符合 WTO 的（ ）。

  A. 普惠制待遇原则   B. 特惠制待遇原则

  C. 最惠国待遇原则   D. 国民待遇原则

10. 假设英国生产每单位酒需要的劳动人数比美国少 40 人，生产每单位呢绒需要的劳动人数比美国少 10 人，则下列说法错误的是（ ）。

  A. 英国在两种产品生产上都具有绝对优势

  B. 英国在呢绒的生产上具有比较优势

C. 英国在酒的生产上具有比较优势
D. 美国在呢绒的生产上具有比较优势

11. 亚当·斯密和大卫·李嘉图主张的国际贸易政策是（　　）。
 A. 管理贸易政策　　　　　　　　B. 自由贸易政策
 C. 保护贸易政策　　　　　　　　D. 超保护贸易政策

12. 根据要素禀赋理论，一个国家将会（　　）。
 A. 出口生产中使用大量相对稀缺资源的产品
 B. 进口生产中使用相对丰富资源的产品
 C. 进口生产中使用相对稀缺资源的产品
 D. 同时进口和出口生产中使用大量相对稀缺资源的产品

13. 我国目前对（　　）的进口关税采用滑准税。
 A. 棉花　　　　B. 棕榈油　　　　C. 轮胎　　　　D. 电视机

14. 对于参加关税同盟的国家而言，（　　）。
 A. 关境小于国境　　　　　　　　B. 关境大于国境
 C. 关境等于国境　　　　　　　　D. 关境与任何成员国的国境无关

15. H－O理论说明了（　　）。
 A. 相对于其他资源，劳动力比较丰富的国家并不具有比较优势
 B. 一个劳动力资源对非劳动力资源比较丰富的国家，应减少国际贸易的参与
 C. 一个非劳动力资源相对丰富的国家将不会从国际贸易中获益
 D. 国际市场的力量将引导各国专业化生产和出口大量使用其相对丰富要素的商品

16. 幼稚产业保护理论认为，应该在（　　）时期实施贸易保护主义。
 A. 畜牧时期　　B. 农业时期　　C. 农工业时期　　D. 农工商业时期

17. 反映一国对国际市场的依赖程度的指标应该是（　　）。
 A. 贸易总量　　　　　　　　　　B. 贸易逆差或者顺差
 C. 国际贸易额　　　　　　　　　D. 对外依存度

18. 下列经济一体化的组织形式中，（　　）是实现全面经济一体化的基础。
 A. 自由贸易区　　B. 关税同盟　　C. 共同市场　　D. 经济联盟

19. 欧盟属于（　　）。
 A. 自由贸易区　　B. 关税同盟　　C. 共同市场　　D. 经济联盟

20. 每个国家都应该按照"两利相权取其重，两弊相衡取其轻"的原则进行分工，各自专门从事成本相对来说比较便宜的产品和劳务的生产，这个观点属于（　　）。
 A. 绝对成本理论　　　　　　　　B. 相对成本理论
 C. 要素禀赋理论　　　　　　　　D. 幼稚产业保护理论

三、判断题

1. 国际分工是国际贸易和世界市场形成的基础。（　　）
2. 如果中国出口到美国的商品在美国市场销售价格比美国国产商品价格便宜，则构成倾销。（　　）

3. 根据要素禀赋理论,每个国家应该生产出口利用本国丰裕生产要素所生产的商品。(   )

4. 我国大陆地区与港澳台地区之间的贸易属于国际贸易的范畴。(   )

5. 绝对成本理论和相对成本理论都是建立在自由贸易的基础上的。(   )

6. 一国对进口商品实施非关税壁垒措施一般须通过立法程序来制定。(   )

7. 自由港和自由贸易区都是划在一国关境以内、国境以外。(   )

8. 世界贸易组织的最高权利机构是总干事。(   )

9. 超保护贸易政策的目的是保护本国幼稚产业。(   )

10. 北美自由贸易区、南方共同市场、亚太经济合作组织和北大西洋公约组织都属于区域经济一体化组织。(   )

11. 国民待遇原则条款一般适用于外国公民或企业的经济权利,也包括政治方面的待遇。(   )

12. 国际贸易值是以货币表示的,而国际贸易量是以数量表示的。(   )

13. 对一国的外贸和经济发展来说,长期的贸易顺差并不一定绝对有利。(   )

14. 外汇就是指外国货币。(   )

15. 汇率贬值意味着以外币表示的本国商品和劳务的价格上升,以本币表示的外国商品和劳务的价格下降,从而导致进口增加,出口减少。(   )

16. 出口信贷的目的是鼓励本国商品出口,提高本国商品的市场竞争能力。(   )

17. 一国国际收支的状况主要取决于该国进出口贸易和资本流入流出的状况。(   )

18. 国际收支平衡表的贷方记录本国资产的增加、本国负债的减少。(   )

19. 一国国际收支平衡表中最基本最重要的项目为资本项目。(   )

20. 净差错与遗漏是国际收支平衡表中人为设立的一个项目,目的是平衡借贷。(   )

四、简答题

1. 简述要素禀赋理论的主要观点并进行评价。

2. 世界贸易组织的原则是什么?

3. 影响汇率变动的主要因素是什么?

4. 假设甲、乙两国都生产毛呢和酒,已知两国各自生产单位毛呢和单位酒所需的劳动人数如下:

	国家	酒产量	所需劳动人数/（人/年）	毛呢产量	所需劳动人数/（人/年）
分工前	甲国	1	120	1	70
	乙国	1	80	1	110
分工后	甲国				
	乙国				
变换后	甲国				
	乙国				

(1) 在酒的生产上,哪个国家的劳动生产率高?在毛呢的生产上,哪个国家的劳动生产率高?为什么?

(2) 现在让甲国专门生产毛呢,乙国专门生产酒,各自的产量是多少?

(3) 分工前,两国毛呢和酒的总产量分别是多少?分工后,两国毛呢和酒的总产量又是多少?

(4) 如果酒和毛呢按照1∶1的比例进行交换,交换后两国各自拥有的产品数量分别是多少?与分工前相比有什么变化?

5. 假设甲、乙两国都生产毛呢和酒,已知两国各自生产单位毛呢和单位酒所需的劳动人数如下:

	国家	酒产量	所需劳动人数/（人/年）	毛呢产量	所需劳动人数/（人/年）
分工前	甲国	1	120	1	100
	乙国	1	80	1	90
分工后	甲国				
	乙国				
变换后	甲国				
	乙国				

(1) 乙国生产酒和毛呢所需劳动人数分别比甲国少多少?（用分数表示）

(2) 甲国在哪种产品的生产上劣势小一些? 乙国在哪种产品的生产上优势大一些?

(3) 甲国专门生产毛呢,乙国专门生产酒,各自的产量是多少?

(4) 如果酒和毛呢按照 1∶1 的比例进行交换,交换后两国各自拥有的产品数量分别是多少? 与分工前相比有什么变化?

6. 为什么各国越来越多地借助非关税贸易壁垒作为主要的贸易保护措施?

专业运用能力训练

一、案例分析

若与中国全面脱钩　对美国经济伤害巨大

中美关系正在经历多年未遇的重大挑战。两国会走向全面脱钩吗？中美关系路在何方？新加坡国立大学东亚研究所教授郑永年2020年6月在接受记者专访时认为，美国要与中国全面脱钩是很困难的，对美国经济伤害巨大。中国是东亚产业链的枢纽，与中国脱钩的同时，意味着美国与整个东亚产业链的重组，这个成本可想而知。

一、中美如脱钩，将割裂全球一体化

郑永年指出，新冠肺炎疫情暴发后，美国没能控制好疫情。一些美国政客选择把责任推给中国，美国政客已把抨击和妖魔化中国作为策略，这会大大毒化中美关系。导致两国关系紧张升级。不过，郑永年强调，中美之间不会陷入如第二次世界大战后美国与前苏联那样的冷战对峙当中。经过过去30多年的发展和全球化，中美两国依赖程度加深，所以一旦两国走向（部分）脱钩，会经历一个对双方来说都很痛苦的过程，而且对世界各个国家都有很大影响。

"这不仅仅是GDP增长速度几个百分点的下滑，更重要的是，这会割裂全球一体化市场和产业链，让许多其他国家也失去由分享知识和技术所带来的发展红利。"郑永年说。

二、全球化路在何方？

当前，贸易保护主义、单边主义、内顾倾向不断抬头，新冠肺炎疫情等非传统安全威胁持续蔓延，经济全球化遭遇更大的逆风和回头浪。郑永年表示，全球化不会终止，但可能会以一种新的形式出现。

他指出，20世纪80年代以来的"超级全球化"创造了巨量的财富，但这些财富流入了少数人的手中。以美国为例，第二次世界大战后，美国社会繁荣稳定的基石是以中产阶级为主的橄榄型社会结构。但过去40多年中，美国的中产阶级数量不断萎缩，占比从第二次世界大战后的七成，跌至如今的不到五成。中产社会开始变成富豪社会，但国家既没有得到就业也没有得到税收。这种经济和社会分离的状况也让各国反思，全球化的方式需要调整。在这种全球化的调整过程中，将会伴随着全球供应链、产业链的调整。

三、全球供应链调整不是"去中国化"

郑永年指出，疫情之后，各国认识到"鸡蛋不能放在同一个篮子里"，至少不要过分集中在一个国家或者几个城市。目前很多国家对产业链的重新布局已经开始了。

在本轮全球化当中，中国是集纳产业链最多的国家，这种全球产业链的重新安排和重新规划对中国有一定影响，但这并不是所谓的"去中国化"。美国行政当局企图鼓励美企推进供应链"去中国化"，但能不能真正执行下去，企业和资本是否会放弃中国市场，还要打一个大大的问号。比如苹果公司，如果要把所有制造环节搬回美国，成本将非常高昂，企业是否愿意或者有能力为此买单？对美国来说，与中国全面脱钩是很困难的，这对美国经济的伤害也是巨大的。中国作为东亚产业链的枢纽,与中国脱钩的同时,还意味着与整个东亚产业链的重组,这个成本可想而知。

更重要的是,并不是整个美国都想跟中国脱钩。美国企业是从本轮国际劳动分工当中获利最大的。硬性与中国脱钩实际上是违背资本的逻辑的。从历史来看,自19世纪末20世纪初美国执行门户开放政策以来,"从来没有放弃一块可以赚钱的地方",郑永年说,难以想象美国资本如今会愿意放弃中国这么大的市场。欧洲国家更不会放弃中国市场了,只要中国继续保持甚至扩大开放,有钱赚,资本自然会过来。

(资料来源:快资讯,https://www.360kuai.com/pc/996ac09a69a33784c?cota=3&kuai_so=1&sign=360_57c3bbd1&refer_scene=so_1)

试分析:(1) 你认为中美贸易会脱钩吗?为什么?
(2) 你认为中美贸易脱钩会对经济全球化产生怎样的影响?

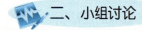

二、小组讨论

汇率升值对我们的影响到底有多大?

现在很多人一说到汇率升值,第一反应就是出口受限。受限是有的,但是有那么严重吗?

第一,人民币升值是双向的,我们出口的家电价格升高了,但是我们制造家电的原材料便宜了,抵消以后不知道这个价格到底会涨多少。

第二,衣服、鞋子、电器这些低技术含量的产品,美国是没有生产的,但是他们还是要用。有人要说,美国人可以自己生产,然而,要形成一个完整的产业链条,不是一朝一夕的。例如,以空气清新机为例,我国现在的出口价格是50美元/台,除了技术和外壳以及核心部件自己解决之外,其余电路、漆包线、弹簧片、电源线、LED、过滤网、UVC灯管、灯头,还有电容、启辉器等全部就近采购。如果美国的公司全球采购这些配件,不知道美国人要花多少钱来买清新机,1 000美元?

第三,人民币汇率浮动以后,美元会回到美元经济区,势必拉动美国的投资就业,我们的低技术产品哪怕涨了20%,也是能够让美国人接受的。

第四,低技术的制造业,利润很低,人民币再怎么升值,我们的人工成本还是美国的十分之一,就算美国人自己制造,我们的产品仍然有很大的优势。

总结一下,人民币汇率浮动以后,我们的出口会受到价格波动的影响,短时间之内,衣服、鞋子、电器的出口会有所减少,但长期看,影响不大,对于企业来说,更愿意也能够聘请国际人才参与研发管理,真正带动国内制造业参与正常的国际竞争。

请讨论:汇率升值到底对我们会有什么影响?人民币汇率应不应该升值?为什么?

专业拓展能力训练

请上网收集"一带一路"的资料,并说明"一带一路"对促进我国对外贸易的重要意义。(不少于1 500字)